방송뉴스앵커로서 내가 늘 마음에 품었던 생각은 옳고, 그름을 가리고 거짓과 진실을 분별하되 품격 있는 표현으로 전달하는 것이었다. 그런데 요즘은 비판적인 태도로 남을 정죄하는 것이 정의라는 이름의 옷을 입고 난무하는 것 같아 많이 안타깝다. 정치판에서도 학교에서도 언론에서도 무엇이 잘못된 것인 줄도 모르며 막말까지 오가고 있을 정도다. 이런 상황 가운데 이 책은 '건전한 비판'과 '정죄하는 비판주의'가 어떻게 다른 것인지 알려 준다. 은혜의 공동체 안에서 공감하는 것이 남과 나 사이의 정죄의 장벽을 허무는 일임을 가르쳐 준다. 희망이 보인다.
신은경_ 전 KBS 9시 뉴스앵커·차의과학대학교 의료홍보영상학과 교수

이 책은 비판과 분별에 관하여 지혜와 은혜가 필요함을 역설한 탁월한 책이다. 사실 그리스도인들도 신앙적 기준 때문에 성급한 비판의식에 빠질 때가 얼마나 많은가. 또 한편 교회에서는 비판하면 안 된다고 건전한 분별력마저 포기하는 경우가 얼마나 많은가. 분별하되 비판하지 않고, 비판하지 않되 분별은 해야 한다. 그래야 선과 악을 분별하면서도 선으로 악을 이길 수 있는 하나님의 사람들이 될 수 있다. 거룩과 관용 사이의 온전한 균형을 배우고 싶다면, 이 책 「비판의 기술」을 꼭 읽으라. 길이 보일 것이다.
이상준_ 온누리교회 대학청년사역 목사

오늘날에는 건전한 비판과 비판주의가 뒤섞인 험산준령에서 길을 안내해 줄 좋은 지도가 필요하다. 테리 쿠퍼는 자기 확신, 겸손, 적극성, 확신 등의 주제를 다루어 주면서 그 길에서 우리에게 필요한 도구를 제공해 주는 노련한 가이드다.
마크 야하우스(Mark A. Yarhouse)_ 정신과 의사·리젠트 대학교 심리학과 교수

이 책에는 누구에게나 적용되는 주제, 즉 남을 비판하는 문제에 대한 실제적인 지혜가 가득하다. 저자는 모든 인간관계에 영향을 미치는 중요한 이슈들을 하나하나 짚어 가며 정확하고 분명하게 독자들을 인도한다. 학문적인 연구와 기독교적 원리가 조화를 이룬 훌륭한 책이다.
제임스 헤릭(James A. Herrick)_ 호프 칼리지 커뮤니케이션학과 교수

저자는 이 책에서 기분 좋게 다른 사람의 의견에 동의하지 않는 것이 가능하다는 사실을 확실히 보여 준다. 저자의 신중하고 명쾌한 분석은 상대방에게 단순히 반발하지 않고 재치 있게 반응하고자 하는 사람들에게 신선한 도움이 될 것이다.
데니스 해크(Denis D. Haack)_ 랜섬 펠로우십 대표, 카버넌트 신학교 실천신학 교수

IVP(InterVarsity Press)는
캠퍼스와 세상 속의 하나님 나라 운동을 지향하는
IVF(InterVarsity Christian Fellowship)의 출판부로서
생각하는 그리스도인을 위한 문서 운동을 실천합니다.

Originally published by InterVarsity Press
as *Making Judgments Without Being Judgmental* by Terry D. Cooper
ⓒ 2006 by Terry D. Cooper
Translated by permission of InterVarsity Press,
P. O. Box 1400, Downers Grove, IL. 60515, U. S. A.
All rights reserved.

Korean Edition ⓒ 2013 by Korea InterVarsity Press
352-18 Seokyo-Dong, Mapo-Gu, Seoul 121-838 Korea

비판의 기술

테리 쿠퍼 | 이지혜 옮김

사랑과 소중한 추억을 담아

스텔라 쿠퍼,

완다 웹-힐라드,

제너비브 랜드럼에게 바칩니다.

차례

감사의 글   8

1장   사람들은 모두 비판하기를 좋아한다   11
       스스로 비판적이지 않다고 생각하는 바로 그때
       비판주의를 다루는 법

2장   비판주의를 지양하는 비판   33
       건전한 비판 대 비판주의
       비평적 사고와 혹평

3장   불안정한 오만과 자신감 있는 겸손   57
       말도 많고 탈도 많은 자존감의 문제
       프로이트에서 코헛으로
       겸손한 자기 확신

4장   반응하는 비판과 반발하는 비판주의   91
       반발의 뿌리
       책임감 있는 자기 주장 대 반발성 공격

5장 죄책의 비판과 수치심의 비판주의   107

    죄책과 수치심의 구분
    수치심은 비판주의가 내면화된 것이다
    자기 비판주의를 감추는 세 가지 위장술

6장 권위 있는 비판과 권위적인 비판주의   145

    다원주의와 극단적 상대주의와 확신
    권위적이지 않은 대화

7장 열린 마음과 너그러운 가슴을 품은 '은혜 충만한' 삶   169

    은혜의 공동체
    확신과 돌봄, 거리낌 없는 대화
    결론

주   189

용어 해설   194

감사의 글

이 책의 내용에 직간접적으로 도움을 준 훌륭한 대화 상대와 친구들에게 진심으로 감사드린다.

로버트 에이사는 이 책에 여러 가지 제안들을 해주었는데, 그의 유용한 통찰에 깊이 감사한다. 데이비드 존슨과 해리슨 버드 페이튼 역시 이 책을 쓰는 데 큰 영향을 주었다. 종교와 심리치료, 문화를 아우르는 흥미진진한 대화에 함께해 준 댄 레이놀즈와 스티브 메이에게도 감사의 말을 전한다.

훌륭한 작가요 학자인 게리 데도가 이 책의 편집 과정 전반에 준 도움에도 감사를 표한다. 게리의 격려와 관심은 열린 마음과 너그러운 가슴의 본이 되었다.

언제나 그렇듯이 가족은 내가 하는 일을 지지해 주는 큰 버팀목이다. 아내 린다는 중학생들이 비판을 줄이고 서로 더 많이 이해할 수 있도록 돕는 일에 힘쓰고 있다. 사랑하는 부모님은 따스하고 꾸준하게 아들을 격려해 주셨다. 두 딸 로리와 미셸은 유머와 관심으로 내 인생을 더욱 풍성하게 해주었다.

마지막으로, 너무나 그리운 세 분의 할머니 스텔라 쿠퍼, 완다 웹-힐라드, 제너비브 랜드럼에게 이 책을 바친다. 그분들은 나의 친할머니와 외할머니이시며, 할머니만큼이나 가깝게 지냈던 고모할머니이시다. 그분들의 사랑과 애정과 용납을 나는 분에 넘치게 받았다. 크나큰 감사의 마음을 담아 이 책을 사랑이 충만한 그분들께 바친다.

1장

―

사람들은 모두 비판하기를 좋아한다

몇 해 전 병원에 가던 길이었다. 응급실 출입구 앞 보도블록에 한 여자아이가 앉아 있었다. 열 살이 채 되어 보이지 않는 어린아이였다. 아이는 품에 고양이 한 마리를 안고 쓰다듬고 있었는데, 고양이는 아이의 손길이 싫지 않은 눈치였다. 아이 곁을 지나가며 내가 물었다. "네 고양이니?"

"아니요" 하고 꼬마가 대답했다.

"고양이가 몇 살이나 됐을까?"

"몰라요."

나는 또다시 물었다. "남자 고양이니, 여자 고양이니?"

"그것도 잘 모르겠는데요." 아이는 계속 고양이를 쓰다듬으면서 대답했다.

"이 근처에 사는 고양인가 보구나?"

그러자 꼬마는 조금 신경질을 내면서 말했다. "모른다니까요. 그게 아저씨한테 **그렇게** 중요해요?"

나는 한 가지 교훈을 얻고 얼굴에 미소를 머금은 채 병원 안으로 들어섰다. 나는 그 고양이를 성별, 나이, '사회-경제적 지위' 같은 일종의 정형화된 범주로 구분하려 했던 것이다. 말하자면, 고양이에게 식별표나 꼬리표를 붙여 주려 한 셈이다. 그러나 이 꼬마에게는 이런 식으로 고양이를 분류하거나 구별하는 것이 아무런 의미가 없었다. 오히려 내 질문들이 성가시게 느껴졌을 것이다. 쓰다듬어 주면 좋아하는 고양이가 한 마리 있고, 꼬마는 그런 고양이를 좋아한다는 것, 이 사실이 중요할 뿐이었다. 그 외의 다른 모든 요소들은 둘의 만남을 완전히 오해하는 것이다. 내가 그 고양이를 일정한 기준에 억지로 끼워 맞추려 한 것은 순수한 의도로 고양이와 '만나려는' 아이의 바람을 무시하는 처사나 다름없었다.

나는 자주 이 꼬마를 생각하곤 한다. 그날 그 아이가 내게 얼마나 큰 영감을 주었는지 본인은 알지 못할 테지만 말이다. 모든 것을 완벽하게 딱 떨어지는 범주에 끼워 맞추려 애쓰는 사이, 인간의 경험은 얼마나 하찮고 지루한 것으로 전락하고 마는지를 그날의 경험은 잘 보여 주었다. 처음 누군가를 만나거나 새로운 환경에 처할 때 얼마나 많은 사람들이 손에는 꼬리표를 들고, 마음속에는 미리 정해 둔 기준을 품은 채, 전형성의 잣대를 들이대는지 모른다. 다른 사람을 적절한 범주로 구분할 수 있으면 사람들은 안정감을 느낀다. 한시름 놓는다. 사람을 잘 구별해 놓으면 만날 때 느끼는 긴장감은 완화되고, 나와 다른 상대방을 어떻게 대해야 할지 파악할 수 있기 때문이다.

인정하고 싶지는 않지만, 상대방과의 차이점은 때로 공포를 자아내는 원인이 되기도 한다. 저 사람과 나 사이에 다른 점이 발견되면 우선 걱정이 앞서는데, 이런 염려가 쉽사리 위협으로 변할 때가 많다. 그리고 이런 위협을 느끼는 사람들은 둘 중 한 사람만 '옳고' 나머지 한 사람은 틀리다는, 이중적인 흑백 논리식 사고방식을 취하게 된다. 때때로 나는 매우 불공평하게 다른 사람들을 판단하는 데 꽤나 능숙해서, 무조건 나 자신에게 이로운 쪽으로 사람들을 범주화한다. "조는 항상 이런 식으로 생각하지.…그는 근본주의자니까." "샐리는 늘 그 모양이야.…물러 터진 자유주의자라고." 이렇게 손쉽게 부여한 범주들 때문에 나는 다른 사람들의 이야기를 경청하거나 그들과 진정한 대화를 나누기 어렵다. 염려가 나를 지배하도록 내버려두면, 나는 언제든 자기 방어적인 습관의 희생자로 전락하고 만다. 나만의 정신세계 가운데 사는 편이 훨씬 더 홀가분하기 마련이니까.

그러나 또 다른 가능성도 배제할 수 없다. 다른 의견에 맞닥뜨린 나는 상대방을 판단하기보다 나 자신을 판단하기 시작하는 것이다. '짐은 뭘 좀 알고 말하는 사람 같아. 그러니까 진짜 바보는 나인 셈이지.' 그래서 그 즉시 내 의견을 접고, 상대방과의 의견 차이는 다 내가 무식한 탓으로 돌린다. 자기 의견을 좀처럼 굽히지 않는 완고한 사람들(이런 사람들이 분명히 꽤 많다)과 부딪힐 때마다, 스스로 의심하고 판단하기 잘하는 나는 아무런 의견도 제시할 권리가 없다고 쉽게 단념하고 만다. '그냥 다른 사람들 말이나 잘 듣자. 뭔가 대화에 보탬이 될 만한 이야기를 하기에는 내가 많이 부족한 것 같아.'

자신에게 가장 많은 질문이 필요한 사람들은 **그리하지 않고**, 자기주장을 가장 의심해 보아야 할 사람들은 **그리하지 않고**, 다른 사람들과의 경계를 가장 존중해 주어야 할 사람들은 남들 아랑곳하지 않고 주제넘게 간섭하며 자기 의견을 강요하니, 참으로 유감스러운 일이 아닐 수 없다.

켄과 브렌다 부부(가명)는 의사소통이 잘 되지 않아 매우 힘든 시기를 보내고 있었다. 브렌다는 자기 자신에 대해 알지 못하는 부분이 많다는 사실에 너무나 혼란스러워하며 온갖 걱정을 다 하고 있었다. 그녀는 쉽사리 자신을 의심하며, 자기의 판단에 확신을 갖지 못한다. 남편과 의견이 다를 때 브렌다는 대개 이렇게 자문하곤 한다. '내가 불공평했나? 혹시 남편의 견해 중에 내가 미처 보지 못하는 부분이 있는 것은 아닐까? 내 의견이 잘못된 거면 어쩌지?' 사실 브렌다는 자신의 행동이나 생각에 민감한 탓에(그게 복인지 저주인지는 모르겠다), 세상을 좀더 정확하게 보기 위해 다른 사람들의 견해를 많이 필요로 할 뿐이다.

자기주장이 강한 남편 켄은 스스로를 돌아보는 번거로운 일 따위는 하지도 않을 뿐더러, 자기반성과도 확실히 거리가 먼 사람이다. 그는 평소 사람들에게 이렇게 말하곤 한다. "나는 내가 뭘 원하는지 잘 알아. 내 말은 액면 그대로라니까." 켄은 자신이 "사실을 있는 그대로 말한다"는 점에 대단한 자부심을 갖고 있다. 그는 어떤 상황이 발생했을 때 현실을 즉시 **파악했고**, (그가 표현한 대로) "브렌다처럼 불안정한 마음" 따위는 그에게 전혀 문제가 되지 않았다.

브렌다는 부부 관계에서 매우 불리한 위치에 서 있다. 아이로니컬하게도, 브렌다의 불리한 상황은 사실은 그녀의 장점―다양한 각도에서 사물을 바라보려는 능력―에서 비롯된 것이다. 켄은 분명하고 직접적이며 확신에 차 있다. 켄에게 만사가 **확실한** 이유는 그가 다른 관점은 전혀 고려하지 않기 때문이다. 그는 만사에 자신만의 '내적인 진리'를 가지고 있다. 브렌다가 잠시 멈춰 켄의 견해에 귀를 기울이고 자신의 의견을 미심쩍게 생각하기 시작할 때 그는 아내의 망설임을 '약점'으로 삼아 악용한다. 켄은 아주 교묘하게 브렌다를 조종하여 자기 회의의 수렁에 더 깊이 빠뜨린다. 이런 수법은 그의 편협한 관점에서 비롯된 것이다. 켄은 자신만의 관점에 갇혀 있고 매우 확고하여, 브렌다의 눈에는 그가 자기 확신이 강한 사람으로 비치는 반면, 브렌다는 확신이 없다. 그러나 사실은, 브렌다는 전체적인 그림을 그리기 때문에 사물을 더 온전히 파악하고 판단을 유보하는 반면, 켄은 좁은 시야 때문에 토론하다가 날카로워지기 쉽다. 열려 있는 마음을 갖고 있는 사람이 오히려 불이익을 당하고 있는 것이다!

스스로 비판적이지 않다고 생각하는 바로 그때

나는 비판주의라는 주제에 대해 오랫동안 관심을 가지고 열심히 연구했다. 그 주제가 **다른** 사람들에게 해당하는 경우에 한해서 말이다. 융통성 없고 권위주의적인 다른 사람들의 태도와 말은 귀에 거슬렸고, 나는 그 점을 금방 지적해 내곤 했다. 나는 그 사람들의 비판적 사고에 열심히 이의를 제기했다. 온갖 고정관념, 꼬리표를 붙이고 분류하는 행위, 융통성 없는 정신에서 비롯된 독선적인 확신을 공격했다. 복잡한 문제를 흑백 논리로 단순 축소하는 것은 몰인정한 것일 뿐 아니라 불만족스러운 것으로 간주했다. 그런 것을 지적하다니 나는 얼마나 교만했던가! 나 역시 나만의 비판주의에 빠져 있다는 사실을 깨닫지 못했던 것이다. 다른 사람의 비판주의에 계속 반발하면서, 나 역시 똑같은 태도에 물들어 갔다. 그러면서도 판단의 돌을 던지는 사람들에게 돌을 던지는 행위를 멈추지 않았다.

내가 미처 깨닫지 못한 것이 또 있었다. 내가 비판적인 사람들에게 쏟아부은 가혹한 정죄는 그 **사람들이** 말하는 내용과 토씨 하나 틀리지 않고 똑같이 비판적이었다. 스스로 편견 없는 사람이라고 생각하던 나 또한 편협한 사람이 되어 가고 있었다. 속 좁은 사람을 속 좁게 대했고, 사람들의 사고를 넓혀 주는 것이 내 과업이라고 확신했다. 남을 통제하려는 못된 습성을 지닌 사람들을 나 또한 '통제'하려고 했다. 내가 말하는 내용이 내가 경험한 비판적인 태도와는 다를지 몰라도, 나의 사고 과정은 다를 바 없었다.

언젠가 한 친구에게, 나를 '통제'하려는 사람들에 대한 불만을 몇 시간 동안 털어놓은 적이 있었다. "감히 어떻게 그럴 수가 있어! 도대체 무슨 권리로 내 일에 감 놔라, 배 놔라 하냐고! 그 사람들이 편협한 사고방식으로 내 세계를 침범한 것은 나 스스로 인생을 헤쳐 나갈 능력을 무시하는 처사라고." 그런데 내가 그런 사람들에게 반응하는 데 너무 많은 시간을 허비하고 있다는 것을 조금씩 깨닫기 시작했다. 그들이 있는 모습 그대로 나를 받아주지 않았다는 사실이 분했고, 자기 생각을 억지로 강요하는 것이 싫었다. 하지만 분명한 사실은, 나도 똑같이 그 사람들을 조종하려 했다는 것이다. 나도 그들을 받아들이지 않았고, 나처럼 '열린' 시각에서 인생을 바라보라고 그들에게 강요하기도 했다. 그들의 비판주의로 인해 나도 그들을 비판하고 있었다. 그들이 내가 내 본모습과 달라지길 원했던 것처럼 나도 그들이 그렇게 되길 바랐다.

나는 비판주의와 권위주의적 사고방식이 여러 형태로 나타날 수 있다는 점을 깨닫기 시작했다. 이 역시 내가 썩 내키지 않는 관점에서 깨달은 바였다. 이제 나는 내 사고방식을 현미경으로 들여다보듯 면밀히 검토해야 했다. 그리고 비판적인 마음은 사실상 삶의 모든 영역에서 나타날 수 있다는 것을 깨닫기 시작했다. 실제로, 융통성 없고 딱딱한 사고방식을 초월했다고 자부하는 사람 중 대다수는 매우 경직된 사고방식에 빠져 있다. 다른 사람의 독선을 지적하는 바로 그 순간, 나 역시 독선에 빠지기 쉽다. 나는 무의식적으로 스스로에게 이렇게 말해 왔던 것이다. '나는 이 원시적인 사고방식과는 거리가 머니 얼마나 다행인가.'

요점은 이것이다. 자신이 비판주의와는 아무런 상관이 없다고 생각하는 바로 그때가 우리에게 새로운 시각이 필요한 시기일 수 있다는 것이다. 사실, 우리가 선입관을 철두철미 배제하여 완벽하게 중립적이고 철저히 공정한 관점에 '도달했다'고 생각하는 그때, 착각에 빠져 있을 소지가 높다. 비판적이고 권위주의적인 사고는 꼭꼭 숨어 있다가, 근심 걱정이 많고 불안정한 시기를 틈타 우리 생각 속에 슬며시 들어온다. 이것은 결코 '남의 문제'가 아니다. 정도의 차이는 있겠지만, 사실상 **모든 사람**의 문제라고 생각한다. 물론 문제의 심각성을 깨닫고 고치기 위해 노력할 수는 있겠지만, 이 문제에서 완전히 자유로운 사람은 아무도 없다.

이런 사실은 우리에게 매우 중요한 깨달음을 준다. 이 세상에는 비판하는 사람과 비판하지 않는 사람, 이렇게 두 종류의 사람이 있는 것이 아니다. 사람은 누구나 어느 정도는 남을 비판하고, 또 남을 비판하지 않는다. 이것은 양자택일의 문제가 아니다. 역사학자 제임스 데이비슨 헌터(James Davison Hunter)가 극단적인 비판은 진보와 보수 양 진영에서 일어난다는 사실을 잘 보여 주었듯이[1] 우리는 부적절한 자만이 사고방식에 끼어들 수도 있다는 점을 염두에 두고, 겸손하고 긍휼히 여기는 마음으로 이 주제를 다루어야 한다.

최근 내가 가르치는 한 학생이 '편견 없는' 위선의 예를 보여 주어서, 나는 매우 다양한 상황에서 비판주의가 나타날 수 있다는 점을 깨닫게 되었다. 이 여학생은 매우 진보적인 교회에 다니는데, 그 교회는 다양성을 존중하고 모든 사람의 의견에 귀 기울이는 것을 중요하게 여기는 곳이다. 그 여학생에 따르면, 이 교회는 열린 대화를 적극 환영한다는 면에서 보수적인 교회와는 확실히 차별된다고 한다. 이 학생은 친구를 교회에 데려가고 싶은데, 친구는 낙태를 반대한다고 했다. 학생은 자기 교회에서는 사회 문제를 진지하게 이야기하지만, 낙태를 찬성하지 않는 사람은 "강하게 비판당할"게 뻔하다고 했다. 그 교회에서 낙태는 너무도 답이 확실한 문제여서, 다른 편에서 주장을 제기할 여지가 없었다. 학생은 계속해서 이야기했다. "저 개인적으로는 낙태를 찬성하긴 하지만 낙태를 반대하는 입장에 대해 확고한 입장을 가진 우리 교회 사람들이 제 친구를 어떻게 대할지 정말이지 두려워요." 그러고는 몇 마디 덧붙였다. "제 친구는 낙태 반대 운동에 열심인 훌륭한 친구예요. 이 친구는 이 문제를 정말 치열하게 고민했어요." 하지만 교회 사람들을 생각하니, 친구를 교회에 데려가기가 겁이 난 것이다.

비판적 사고의 다른 예로는, 멜 깁슨의 영화 "패션 오브 크라이스트"(*The Passion of the Christ*)에 대한 극단적인 반발을 생각해 볼 수 있다. 일부 비판적인 보수주의자들은 영화의 반유대주의적 정서나 과도한 폭력성을 문제 삼는 사람들을 비난하려고 안달이었다. 그러나 이 경우에는, 진보적인 측에서 훨씬 더 비판적인 태도를 많이 보였다. 멜 깁슨이 돈에 미쳐서, 병적인 폭력성 때문에, 예수를 마초적으로 묘사하려고 이 작품을 찍었다며 번번이 그의 동기를 곡해했다. 멜 깁슨이 마음의 감동을 받아 영화를 제작했다고 직접 밝힌 동기는 코웃음을 치며 깎아내렸다. 일부 지역에서는 반대 세력이 심하여, 상영 금지나 다름없는 처분을 받기도 했다. 그와 똑같은 부류의 '열린' 관객들이 여러 해 전에 나온 마틴 스코시즈 감독의 영화 "그리스도 최후의 유혹"(*The Last Temptation of Christ*)에 대한 보수주의자들의 반대에도 매우 비판적인 태도를 보였다. 그들은 보수주의자들이 영화를 보지도 않고 무작정 비난한다고 했다. 하지만 그 점은 '진보주의자들'도 마찬가지가 아니었던가? 눈곱만큼도 볼 생각이 없는 영화를 두고 이러쿵저러쿵 크게 떠들어대지 않았느냔 말이다. 내가 그 영화를 본 줄 알고 나를 도끼눈으로 쳐다보던 한 친구는 상당히 쌀쌀맞은 태도로 왜 그랬냐고 따지기도 했다.

여기서 이 영화에 대한 논쟁을 다시 불붙이려는 의도는 없다. 속 좁은 편향성 따위는 이미 초월했다고 믿는 사람들에게도 비판적인 성향이 있다는 점을 지적하려 했을 뿐이다. 경직된 사고는 보수주의나 진보주의 어느 쪽에서나 다 나타날 수 있다. 주로 관용적이며 대안적 의견에 열려 있다는 의미로 사용되어 온 진보주의 또한 경직된 사상에 쉽게 함몰되어 어떤 형태의 보수적 근본주의만큼이나 수세적인 틀로 변할 수 있다. 그렇게 되면 다양성은 지배적인 사상과 조화를 이룰 때에 한해서만 환영받는다. 하지만 기존 사상에 위협이 되면 많은 진보주의자들은 적개심을 품고 공격적이 된다. 진보주의자들도 독단주의를 독단적으로 반대하고, 광신주의를 광적으로 반대하며, 편협함을 편협하게 반대하고, 경직된 사고를 경직되게 반대하는 것이다.

진정한 대화를 원하는 사람은 자신은 편견에 사로잡혀 있지 않고, 문제 제기를 장려하며, 모든 관점에 열려 있다는 자기도취에서 벗어나야 한다. 우리 역시 반대 의견을 무시하고, 논쟁 중에 상대방을 교묘히 조종하려 하며, 우리와 의견을 달리하는 사람들을 무신경하게 대할 수 있음을 인정해야 한다.

비판적인 사람들(우리 모두가 적어도 한 번쯤 혹은 그 이상 여기에 포함된다)이 대개 까탈스러운 사람들이라는 것은 사실이다. 그러나 그들이 우리를 비판하는 내용을 다시 그들에게 돌려준다면, 편협한 마음이 끊임없이 돌고 돌아 결국 적개심으로 변할 수밖에 없다. 부당한 평가나 비꼬는 말을 들으면 상대방과 똑같이 반응하고 싶은 마음이 자동적으로 일어나게 마련이다. 반응은 또 다른 반응을 낳으며, 상대방의 비판에 일방적으로 당할 때 평정심을 유지하기란 쉽지 않은 일이다.

스스로 완고하다고 생각하는 사람이 우리 중에 얼마나 될까? 사람들은 모두 자신이 공평한 사람이라고 생각하고 싶어 한다. 그러므로 각자의 보호막을 떼어 내고 자신의 성향을 유심히 살피는 것이 중요하다. 우리가 다른 견해들에 분노하거나 반대하면서 그런 감정들을 당연히 여기다 보면 합리적 관점이 흐려질 수 있다. 겉으로는 예의를 차리려고 갖은 애를 쓰겠지만, 뒤로는 '멍청하다'느니 '미쳤다'는 등 속된 말을 거침없이 내뱉는다. 유연한 사고와 열린 마음을 이상적으로 여기는 대학과 같은 교육기관에서조차 다른 관점들에 대해서는 완고하게 저항하고 자기 의견만 옳다고 주장하는 경우가 허다하다. 예의를 차리느라 겉으로는 다양성을 존중한다고 말할지 모르지만, 다른 신념을 지닌 사람들을 비난하거나 혹평하는 일이 끊이지 않는다. 때로는 다양한 의견이 제시되는 토론에서 균형

점을 찾기가 너무 힘들다. 공부를 많이 한 사람이라고 해서 중립적이고 온화하며 포용력이 넓은 것은 아니다. 서로 다른 이론을 주장한다는 이유만으로 서로 말도 섞지 않고 지내는 대학교수들을 얼마든지 볼 수 있다. 다른 사람의 견해에는 손톱만큼도 정통성을 부여하지 않으면서도, 강의실에서는 교육에서 다양성이 얼마나 중요한지 떠들어 댄다.

그런가 하면, 내담자와 상담하는 과정에서는 불확실성에 대한 인내를 주장하고, 다양한 관점의 획득을 강조하면서도, 스태프 회의에 참석해서는 자기들의 치료법이 정신의학계에서 유일하게 공인받을 만하다고 주장하는 상담가와 심리치료사들도 정말 많다! 불과 몇 분 전에 침 튀기며 강조했던 다양한 관점의 중요성은 어떻게 된 것인가? 불확실성에 대한 인내에 무슨 일이 발생한 것인가?

비판주의를 다루는 법

비판주의를 효과적으로 다루는 첫 번째 단계는 비판주의가 얼마나 미묘한 문제인지 분명하게 깨닫는 것이다. 우리가 덜 비판적일 수 있을지는 몰라도, 전혀 비판하지 않는 사람이 될 수 있을지는 의문이다. 그러므로 겸손해야 한다.

비판주의라는 주제를 살펴보기 위해서는, 먼저 우리 모두가 비판적인 사람이라는 전제에서 출발해야 한다. 비판주의의 문제를 남 이야기하듯 하는 태도는 지양해야 한다. 본인이 비판적이지 않다고 생각하는 사람은 스스로 겸손하다고 생각하는 사람이나 마찬가지다. 본인은 절대로 비판적이지 않다고 생각하는 것이야말로 오히려 자신이 비판적인 사람일 가능성을 보여 주는 증거다.

비판주의는 두 가지 형태의 우월주의를 띤다. 첫째는 도덕적 우월주의다. 이것이 바로 마태복음 7:1에서 예수님이 우리에게 "비판하지 말라"라고 말씀하신 주요한 이유 중 하나다. 우리가 다른 사람을 비판하면, 경기를 뛰는 선수가 아니라 짐짓 겸손한 체하는 구경꾼 행세를 하는 셈이다. 우리는 자신의 단점과 잘못, 한계와 유한성은 제쳐 놓고, 남을 평가하곤 한다. 하지만 우리가 관람석에서 내려와 경기 속으로 들어가면, 삶은 관람석에서 바라보았을 때보다 훨씬 더 복잡하다는 것을 알 수 있다. 둘째로, 비판주의는 지적인 우월주의를 드러낸다. 우리가 모든 변수를 고려하여 다른 사람의 인생을 전부 다 평가할 수 있다고 믿기 때문이다. 다른 사람의 인생 전체를 평가할 수 있다고 생각하다니 얼마나 교만한 환상인가. 우리가 다른 사람을 속속들이 다 알 길은 없다. 그 사람이 어떤 상처를 받았는지, 살면서 무엇을 경험했는지, 어떤 배경에서 살아 왔는지 우리는 알지 못한다. 이런 이야기를 하면 남의 행동을 옹호해 주는 것밖에 되지 않는다고 생각하는 사람들도 있겠지만, 내 의도는 전혀 그렇지 않다. 내가 하고 싶은 말은, 자기 자신의 전제와 견해, 한계와 인식에 있어 유한한 우리가 감히 다른 사람의 인생 전체를 두고 '최종 판결'을 내릴 수는 없다는 뜻이다. 그 사람이 저지른 특정한 행동에 대해서는 분명한 판단을 내릴 수 있을지 몰라도, 그 사람의 존재 전체를 결정할 수 있을 만큼 인간의 지적 능력은 탁월하지 않다.

예수님이 남을 비판하지 말라고 강하게 경고하신 까닭도 비판이 우리 자신의 견해를 신 또는 우상으로 만들 수 있기 때문이다. 비판주의는 늘, 자신의 한계와 유한성을 잊는 것을 의미한다. 우리는 스스로 남을 최종적으로 평가할 수 있는 '자리'에 도달했다고 생각하는 것이다.

아마 당신도 나와 비슷한 경험을 했을지도 모르겠다. 한번은 그간 파괴적인 삶을 살아 온 한 사람을 제대로 알 기회가 있었다. 그 사람(질이라는 가명을 사용하겠다)은 자신의 파란만장한 인생을 나에게만 몰래 털어놓았다. 그녀는 어린 시절에 겪은 여러 사건들을 들려주었는데, 남에게 쉽게 꺼내기 힘든 이야기들이었다. 질은 삼촌에게서 성폭행을 당했고, 부모에게서 방치되었다. 질은 대부분의 시간을 무심한 조부모와 함께 보냈다. 질은 부정적인 자아상을 키우게 되었고, 괄괄한 외양 속에 연약한 내면을 숨기며 살았다. 파괴적인 행동을 일삼는 또래 친구들과 어울리다가 결국 범법 행위까지 하게 되었다.

질의 행동을 변명하려는 것이 아니다. 사랑과 용납과 지지에 굶주린 그녀의 내면을 보여 주고 싶을 뿐이다. 나는 알고 있었다. 질은 다른 사람들, 특히 불행한 어린아이들에게 큰 친절과 사랑을 베풀 능력이 있었다. 그래서 나는 '고결한' 사람들과의 대화에 질의 이야기가 등장하면 그 자리가 그렇게 불편할 수가 없었다. "그애는 행실이 방정맞아" 하고 어떤 사람이 말했다. "싹수가 노랗다니까." 그러자 그 자리에 모인 사람들은 너도나도 질처럼 돼먹지 못한 아이들을 성토하기 시작했고, 자신은 그 정도로 타락하지 않아서 다행이라는 뜻을 에둘러 표현하기도 했다.

사람들의 이야기를 들으면서 내 속은 부글부글 끓어오르기 시작했다. 질은 절대 그런 사람이 아니었다. 하지만 질이 내게만 귀띔한 이야기였기에 나는 끝까지 침묵을 지킬 수밖에 없었다. 질의 개인사에 대해서는 눈곱만큼도 알지 못하는 사람들이 그녀에 대해 온갖 이야기를 떠들어 대는 가운데 나는 잠자코 듣기만 했다. 그러면서 속으로는 내내 '당신네들이 질과 똑같은 사건을 겪으면 어떻게 행동할지 두고 봅시다' 하고 생각했다. 하지만 겉으로는 이 말밖에 할 수 없었다. "이봐, 그 속사정을 우리가 다 알 수는 없지 않은가."

비판주의는 점점 더 우리 자신의 어두운 구석을 보지 못하게 한다. 다른 사람들의 '끔찍한' 행동에 충격을 받아 거기에 정신이 팔리면, 본인의 파괴적인 행위는 미처 보지 못한다. 다른 사람들이 저지르는 통탄할 만한 행동에만 눈이 팔려, 정작 자신의 모습은 볼 수 없다. 실제로, 우리는 그런 사람들의 행위는 도무지 생각할 수도 상상할 수도 없는 행위라고 서슴없이 이야기한다. 나 같으면 도무지 그런 행위를 할 수 없다는 것이다!

다른 사람을 가혹하게 정죄하는 것은 우리 삶에 은혜와 온유한 용납이 부족하다는 점을 말해 준다. 우리 스스로 용납할 수 없는 것들이 많아지면, 본인의 골방에 빛이 비추이는 것을 두려워하기 마련이다. 그 결과,

우리는 자신의 숨은 포부와 무의식적인 동기, 파괴적인 행동을 저지를 수 있는 잠재력은 애써 무시한다. 진정한 자기 모습을 들여다보기를 두려워한다. 왜 그런가? 그런 비판의 무기가 본인에게 향하기를 원치 않기 때문이다. 그처럼 자유롭게 내면을 탐색할 만큼 우리에게 은혜와 용납이 충분치 못하기 때문이다. 정죄를 두려워하는 마음이 용납을 확신하는 마음보다 훨씬 더 크다.

여러 면에서, 요한복음 8:1-11은 비판주의를 온전히 이해하는 데 필요한 모든 요소를 담고 있다. 간음 현장에서 잡힌 여인이 예수님 앞에 끌려왔다. 구경꾼들은 여인을 돌로 쳐서 죽이려고 작정하고 있다. 독자들 중에서는 간음을 저지른 남자는 어디에 있는지, 왜 그 남자는 이 여인과 똑같이 처벌을 받지 않는지 궁금해하는 사람들도 있을 것이다. 하지만 그 고발자들은 모세의 율법에 따라 여인을 돌로 쳐 죽여야 마땅하다고 고집했다. 땅에 글을 쓰신 예수님은 그중에 죄 없는 자가 먼저 돌로 치라고 말씀하셨다. 사람들이 하나둘 돌을 내려놓고 사라지자, 예수님은 여인에게 그를 정죄하지 않는다고 말씀하셨다. 그러고는 가서 더 이상 죄를 짓지 말라고 하셨다.

이 장면은 우리에게 비판의 본질에 대해 많은 것을 시사해 준다. 우선, 고발자들은 이 여인의 죄를 자기 회피의 방편으로 이용했다. 다시 말해, 다른 누군가의 외적인 행위에 초점을 맞추는 한에는 본인의 죄를 들여다볼 필요가 없었다. 그 여인에게 눈이 팔려 자신의 모습은 안중에도 두지 않았다. 나아가, 사람들은 여인의 특정 행위를 그녀의 인격 전반과 동일시했다. 여인은 그저 간음죄를 저지른 사람에 불과했다. 그 외에 이 여인이 어떤 사람인지는 전혀 중요하지 않았다. 이 한 가지 행위에만 집중한 나머지, 고발자들은 여인의 인생 전반을 보지 못했다. 아무도 이 여인의 생활환경이나 어려운 형편에 대해 묻지 않았다. 여인의 곤경에 감히 동정심을 표하는 사람은 아무도 없었다.

여인의 행동을 변명하려는 것은 아니지만, 그렇게 했다면 구경꾼들은 그 여인을 좀더 이해할 수 있었을 것이다. 공개적으로 고발당한 여인은 말할 수 없는 수치심을 느꼈을 것이다. 여인에게 더 이상의 수치심을 안겨 주고 싶지 않았던 예수님은 아마도 여인과 눈을 맞추지 않으려 땅에 글씨를 쓰셨을지도 모른다. 예수님은 고발자들이 여인에게 집중된 관심을 거두어들여 자신들의 삶을 들여다볼 수 있게 하셨다. 이 여인이 희생양이 되지 않게 하셨다. 고발자들이 자리를 뜨자 예수님은 여인에게 다가가셨다. 그리고 중요한 윤리적 원칙을 간과하지 않으면서도 부드럽게 말씀하셨다. 예수님은 여인에게 죄가 없으므로 괜찮다고 말씀하신 것이 아니라, 새로운 삶을 살라고 권유하셨다. 이것은 회개가 필요 없는 용납, 즉 값싼 은혜가 아니었다. 예수님은 여인을 존귀하게 여기시고, 이렇게 살아가기에는 여인이 너무나도 소중하고 존엄한 존재라고 말씀하고 계신 것이다.

다른 한편, 비판은 남을 업신여기고 자기 의를 강화한다. 판단이 가져다주는 가장 큰 심리적 보상은 나는 '저 사람들'과 같지 않다는 자의식이다. 우리는 남보다 한 수 위다. 자신도 한 인간이라는 사실을 잠시 잊어버리고는, 다른 인간을 평가할 자격이 있다고 여긴다. 솔직히, 남을 평가하고 순위를 매기는 일은 얼마나 재미있는지 모른다.

남을 깔아뭉개면 내가 으쓱해진다는 점을 의식적으로는 깨닫지 못할 수도 있다. 하지만 그 뒤에 숨은 메시지는 분명하다. '어떻게 그런 일을 생각할 수가 있어.' '나는 절대로 그런 일은 안 해.' '어떻게 그런 끔찍한 일을!' 우리는 대개 우리가 이런 부류의 사람들과 완전히 다르다거나 그 정도로 타락하지는 않으리라고 생각한다. 남을 비판하는 것은 단순히 상대에 대한 공격 행위일 뿐 아니라, 나 자신의 '결백'을 보호하려는 방어 행위이기도 하다.

이렇듯 비판할 때는 우리 자신의 잘못을 회피하기 위해 다른 사람들의 잘못을 **필요로** 한다. 간단히 말해서, 비판적인 사고란 남의 잘못이나 파괴적 행위에 중독되는 것이나 마찬가지다. 비판주의는 '자기가 **그렇지 않은**' 것에서 그 정체성을 찾는다. 비판주의는 무언가에 대해 반응하는 것으로 스스로를 정의한다. 정죄할 사람이 주변에 없다면, 비판주의는 무엇을 해야 할지 모를 것이다.

특정 문제에 대해 비판할 때 우리는 사랑과 보호라는 폭넓은 맥락에서 그 문제를 바라볼 수 있어야 한다. 모든 사람에게 같은 감정을 품을 수는 없기에, 우리가 그들에게 품는 애정의 정도와 상관없이 사랑으로 **행**

동해야 한다. 사랑의 행위와 비판의 행위는 서로 대립한다. 불쾌한 행동 이면의 존엄성을 보고, 모든 사람에게 내재해 있는 최소한의 가치를 깨달으며, 불공정한 판단 아래 있는 사람을 돌보는 것은 어마어마한 도전이다. 우리의 유일한 희망은 우리에게 주어진 은혜를 스스로에게 상기시키고 그 은혜가 밖으로 흘러가게 하는 것뿐이다. 로버타 본디(Roberta Bondi)는 그 점을 다음과 같이 잘 요약한다.

> 사랑은 쉽지 않은 일일 수 있다. 우리가 아무리 원한다고 해도, 이를 갈며 사랑하기란 불가능하다. 모든 그리스도인의 목표와 욕구의 성취에, 그중에서도 특히 사랑에는 필수 요소가 두 가지 있는데, 인간의 노력은 그중 하나에 불과하기 때문이다. 나머지 하나는 바로 하나님의 은혜다. 은혜가 없다면, 아무것도 할 수 없다.[2]

2장

비판주의를 지양하는 비판

어느 날 파티에서 사람들이 나누는 대화를 우연히 듣게 되었다. 이 대화로 나는 '비판'(making judgments)과 '비판적 태도'(being judgmental)의 차이에 대해 다시 한 번 생각해 보게 되었다. 그날 빌은 자신의 지인 중 성폭행을 당한 젊은 여자의 이야기를 브래드에게 들려주고 있었다. 빌은 어떻게 이런 일이 있을 수 있느냐며 분을 삭이지 못했다. "안 믿기시죠? 제가 아는 사람이 당한 일이라니까요!" 그러면서 빌은 이렇게 덧붙였다. "그 성폭행범을 꼭 잡아야 할 텐데요!"

그러자 브래드가 말했다. "범인에게 어떤 사연이 있는지도 모르잖아요. 그 사람 자신이 성폭행을 당했을 수도 있어요. 본인도 어쩔 수 없는 상황이었을지 모릅니다. 그러니까 선생님도 이 일을 너무 비판적으로만 보시지 마세요."

"비판적으로 보지 말라니요?" 빌이 발끈하며 성을 냈다. "어떻게 이런 일에 가만있을 수 있습니까? 지금 그 작자가 한 일이 아무렇지도 않다는 말씀이세요?"

"제 말은 그런 뜻이 아니잖습니까" 하고 브래드가 대꾸했다. "살다 보면 어쩔 수 없는 일이 생기기도 합니다. 우리가 무슨 권리로 그 사람들을 비판합니까? 저는 영성에 대해 토론하는 소그룹에 속해 있는데, 거기서는 우리가 아무것도 비판해서는 안 된다고 말해요. 남을 비판할 자격이 있는 사람은 아무도 없지요."

두 사람의 대화는 비판과 비판주의를 구별하지 못한 데서 비롯된 혼란을 잘 보여 준다. 브래드는 비판주의라는 개념과 위해한 행위에 대한 윤리적 비판을 혼동했다. 사실 범인의 행위는 비판받아야 마땅하다. 성폭행에 '중립적'이거나 '편견 없는' 태도를 보여야 한다고 믿는 사람이 어디 있겠는가? 성폭행은 명백한 잘못이다. 그것은 타인, 특히 약하고 어린 사람에 대한 끔찍한 폭력이다. 성폭행 행위를 비판하지 않는 브래드는 성폭행의 윤리적 결과들을 무시하는 셈이나 마찬가지다. 성폭행범 역시 사연 많은 한 인간이요, 이 한 가지 행위로 그의 전 존재를 깎아내려서는 안 되긴 하지만, 형편이 어찌되었건 성폭행 행위 자체는 **잘못이요 비판받아야 마땅하다**.

브래드처럼 비판과 비판주의를 혼동하는 사람들이 많다. 하지만 이 두 가지 정신 작용은 전혀 다르게 작동한다. 다시 한 번 말하지만, 타인에게 상처나 피해와 고통을 주는 행위를 부정적으로 평가하는 것은 전적으로 옳다. 오히려, 그런 행위에 대응하지 **않**는 사람이야말로 무감각한 양심의 소유자다. 이 세상에 비판이 없다면, 죄에 대한 깨달음이나 원칙, 윤리적 문제도 사라져 버릴 것이다. 우리가 얼마나 편견 없고 유연한 사람이 되기 원하는지와는 상관없이, 무엇이 '선한 삶'을 파괴하고 망가뜨리는지 알지 못하고서는 선한 삶이라는 개념 자체도 존재할 수 없는 법이다.

어떤 사람들은 비판주의가 싫어 비판 자체를 거부한다. 그들은, 모든 일은 더 큰 계획의 일부이기에 받아들일 수 없는 일이란 없다고 생각한다. 모든 사람이 각자 자기주장을 할 수 있지만, 남의 행동은 자기 소관이 아니기에 내버려두어야 한다는 것이다. 그들에게는 편협성만큼 끔찍한 문제도 없다. 모든 것을 수용하는 다원주의적 사회에서 유일한 금기사항은 바로 편협성이다. 이런 사회에서 우리는 '비판적인' 사람으로 비치기를 극히 꺼린다. 그러나 그룹 토론에서 무슨 주장을 하건 간에, 완벽하게 가치중립으로 살 수 있는 사람은 없다. 우리가 내리는 모든 결정사항의 배후에는 각자의 가치관이 깔려 있다. 그 점을 눈치 채지 못할 때도 있지만, 가치관은 끊임없이 우리 행동을 조종한다.

그러나 아무것도 비판하지 않는다는 철학을 수용한 사람은 윤리적 중립과 도덕적 무관심에 빠질 수밖에 없다. 아무것도 비판하지 않겠다는 욕망은 죄에 대한 깨달음이 없는 세상, 지극히 사적인 결정이 모든 판단 기준이 되는 세상을 낳고, 그런 곳에서 사회가 이루어지는 것은 거의 불가능해진다. 모든 도덕이 똑같은 가치를 지니게 되는 것이다.

이런 혼동은 행위에 대한 비판과 사람에 대한 비판을 구분하지 못한 결과다. 물론 이를 구별하는 것은 분명 쉽지 않다. 하지만 비판받아 마땅한 행위들이 분명히 존재한다. 그런 행위들은 사람들에게 피해를 주고 생명을 위협하며, 이 사회의 안녕을 해친다. 또한 파괴적일 뿐 아니라 사악한 경우도 있다. 하지만 이러한 행위에 대한 비판은 그 사람의 인격 전체를 거부하는 것과는 반드시 구별되어야 한다. 그러면 이제부터 비판과 비판주의의 차이점을 좀더 자세히 살펴보기로 하자.

건전한 비판 대 비판주의

나는 우리에게 꼭 필요한 비판이라는 과정과 불필요한 비판주의를 구분하는 일곱 가지 중요한 특징을 제시하고 싶다. 표 2.1에 나오는 각 항목을 먼저 살펴본 다음, 아래의 내용을 읽어 보라.

표 2.1. 건전한 비판과 비판주의의 일곱 가지 차이점

건전한 비판	비판주의
건전한 비판은 다른 사람을 배려한다. (배려)	비판주의는 다른 사람을 배려하지 않는다.
건전한 비판은 그 사람이 그런 행동을 한 강력한 증거가 없는 한, 그의 동기를 불신하기를 거부한다. (신뢰)	비판주의는 합당한 근거가 없는데도 상대방의 동기를 파악하고 있다고 전제한다.
건전한 비판은 다른 의견을 가진 사람들을 향해 너그러운 태도와 관용을 유지하면서 도덕적·종교적 개념을 고수한다. (관용)	비판주의는 다른 의견을 가진 사람들을 경멸하고 무시하면서까지 도덕적·종교적 개념에 집착한다.
건전한 비판은 상처를 주는 **행위**나 잘못된 **생각**을 비판한다. (행위 대 사람)	비판주의는 잘못된 생각이나 파괴적인 행위를 저지른 **당사자**를 비판한다.

건전한 비판은 미결 문제를 그 문제의 관점에서 인식한다. 객관적 확실성을 확보하지 못했을 때에라도 확신할 수 있다는 것을 알기에, 다른 견해에도 열려 있다. (개방성)	비판주의는 그 문제의 관점에서 문제나 한계를 인식하기를 거부하고, 절대적인 확실성만 고집한다.
건전한 비판은 증거를 평가하는 합리적인 과정을 거쳐 신중한 결론에 도달한다. (시간성)	비판주의는 감정적인 추론이다. 피상적인 증거에 기초해 성급히 결정한다.
건전한 비판은 결정을 두려워하지 않는 마음과 신중한 사고에서 비롯되는 결과다. (두려워하지 않음)	비판주의는 분석적 사고를 두려워하는 마음과 경솔한 사고에서 비롯되는 결과다.

배려. 건전한 비판은 다른 사람을 배려하지만, 비판주의는 자신이 정죄하는 사람들에게 눈곱만큼도 관심이 없는 경우가 많다. 비판주의는 남의 감정을 상하게 해도 개의치 않는다. 다른 사람을 돕는 것보다 논쟁에서 이기는 데 관심이 더 많기 때문이다. 그러나 아무리 설득력 있는 논리를 편다고 해도 상대방이 배려를 받고 있다는 느낌이 들지 않으면 아무런 소용이 없는데, 여기에 비판주의의 모순이 있다.

건전한 비판과 비판주의의 주요한 차이점은 이런 것들이다. 건전한 비판은 증거를 면밀히 검토하고, 결정을 두려워하지 않으며, 자기 한계를 분명히 볼 줄 안다. 또 얼마든지 마음을 바꿀 준비가 되어 있으며, 의혹을 둘러싼 확실한 증거가 있지 않는 한 상대방의 동기를 불신하려 하지 않는다. 건전한 비판은 확신을 갖되 너그러운 태도와 관용을 지녔으며, 잘못된 행위와 생각을 사람과 구별해서 생각하고, 사람들을 배려한다. 전형적인 비판주의에는 이러한 특징들이 결여되어 있다.

신뢰. 건전한 비판의 또 다른 특징이 있다면, 확실한 증거가 없는 한 사람들의 동기를 불신하지 않는 것이다. 반면에 비판주의는 사람들의 마음을 읽을 수 있다고 주장한다. 비판주의는 모든 사람의 동기가 무엇인지 **안**다고 믿고, 심지어 합리적인 증거가 없을 때조차도 그렇게 믿는다. 비판주의는 은밀한 정보를 수집해서 상대방에게 타격을 주는 데 활용한다. 그러므로 비판주의는 피해망상까지는 아니더라도, 다른 사람들을 심하게 의심한다. 예를 들어, 상대방이 내게 친절하면 뭔가 다른 흑심이 있다고 생각한다. 어떤 남녀가 대화를 나누고 있으면, 불륜을 도모하는 것이라고 생각한다. 사람들을 속속들이 파악하고 있다는 주장이 얼마나 교만한지 잘 알 수 있다.

이런 태도는 대개 다른 사람이 우리를 이용하려 한다는 두려운 선입견에 근거한다. 그런데 사람들은 자기 두려움을 인정하려 하지 않고 오히려 다른 사람에게 덮어 씌워, 그들의 동기를 악하게 만들어 버린다. 본인이 염려가 많은 탓에, 스스로 다른 사람들의 은밀한 사고와 계획, 음모를 직관적으로 안다고 억지 주장을 하는 셈이다. 그렇게 해야 안심이 되기 때문이다. 안타깝게도, 우리는 친구가 될 수도 있는 사람을 적으로 속단하면서 마음의 안정을 찾으려 애쓴다.

관용. 비판주의의 또 다른 특징으로는, 종교나 도덕 개념에 너무 집착한 나머지 자기와 조금이라도 견해가 다른 사람은 결국엔 존중하지 않는다는 것이다. 건전한 비판을 하는 사람 역시 다른 사람의 생각이 비현실적이고 한계가 있으며, 심지어 위험하다고 생각할 수 있다. 그렇지만 그런 **생각** 자체보다 그 생각을 지닌 **사람**을 보며 관용을 베푼다. 반대 견해를 좀 들어 준다고 해서 그것을 인정하는 것은 아니라는 사실을 잘 아는 것이다. 반대로, 비판주의는 다른 견해를 들어 주는 것조차도 두려워한다. 존중하는 마음으로 상대의 이야기를 들어 주는 것과 그 견해에 동의하는 것을 구별하지 못한다. 비판주의에 빠진 사람은 나와 다른 견해를 이유 없이 두려워한다. 그런 생각을 듣기만 해도 그들의 계략에 넘어갈 수 있다는 미신에 사로잡힌다. 너무 두려운 나머지, 상식적인 예의조차 지키지 못한다. 건전한 비판은 인종차별, 성차별, 비인간적인 태도, 착취 등의 위해한 행동을 거침없이 정죄하는 반면, 비판주의는 그런 생각과 행동은 물론 그런 일을 저지른 당사자들까지 싸잡아 비판한다.

행위 대 사람. 어떤 여성이 목사님을 만나 남편과 이혼하는 문제를 상의하기로 했다고 내게 말했다. 그 여성은 자신이 남편으로부터 신체적, 언어적, 정서적 폭행을 당하고 있다고 말했다. 그녀는 점점 더 수동적이고, 안이하며, '시도 때도 없이' 용서하는 사람으로 변해 갔다. 더 이상 이런 학대를 견딜 수 없다고 판단한 그녀는 용기를 내어 목사님과 약속을 잡았다. 그녀는 그동안 맺은 관계들과 복잡한 과거—특히, 친정 식구들과의 관계가 어떻게 지금의 관계에 영향을 미쳤는지—를 어렵사리 목사님에게 털어놓았다. 그런데 목사님은 시큰둥한 반응을 보이는 듯했다. 이를 눈치

챈 그녀는 목사님에게 "제 말씀이 잘 이해되시나요?" 하고 물었다.

"그럼요. 그런데 질문이 하나 있습니다" 하고 목사님이 말했다.

"네, 말씀하세요." 여자가 답했다.

"남편 분이 외도를 하셨습니까? 불륜을 저지른 적이 있나요?"

"없습니다. 제가 알기로는 그런 적이 없어요." 여자가 말했다.

"그러면 이혼 사유가 성립되지 않는데요." 목사님이 계속해서 말했다. "남편과 헤어지지 말고 노력을 좀 해 보세요. 사실, 대단한 헌신이 필요하지도 않습니다! 남편 분이 바람을 피운 적이 없다면, 그저 기도하면서 부부 관계에서 더 노력하면 되는 겁니다."

이 이야기를 듣는 순간 내 머릿속에 곧바로 이런 비판적인 생각이 떠올랐다. '이렇게 불쾌한 이야기가 또 있나! 이 목사는 목회 상담을 하면서 이 여성의 결혼 생활을 10분 만에 판단하네. 상대방의 복잡한 결혼 생활을 확 줄여서 본인의 결혼상에 끼워 맞추라고 하잖아. 이 여성을 이해해 주고, 함께 걱정해 주고, 미지의 세계를 탐험하려는 마음이 전혀 없어. 한마디로 말해서, 귀찮다는 거지! 이거야말로 한 사람이 다른 사람에게 저지를 수 있는 가장 추한 심리적 죄가 아니고 뭔가. 이 여성의 복잡한 세상을 자기가 주무르기 좋게 축소해 버리니 말이야. 적절한 목회이기는커녕, 영 글러먹은 상담이네. 이 목사의 근본주의적인 흑백 논리 때문에 이 여자는 힘겨운 결혼 생활로 되돌아가고 말 거야. 어쩌면 목사 자신도 형편없는 결혼 생활을 하고 있어서 남들도 다 불행하기를 바라는 건지도

모르지. 그 역시 자기 문제도 어찌할 줄 모르는 완고하고 딱딱한 광신도에 불과할지도.'

나나 그 목사 중에 누가 더 비판적인 사람인지 나도 잘 모르겠다. 이 목사는 그 여자의 고통에 진심으로 귀 기울이기보다는 자기 '답'을 제시하느라 여념이 없어서 분명 그녀의 복잡다단한 사연을 제대로 듣지 못했다. 흑백 논리로 이 문제에 접근한 목사는 이 여성의 경험을 정당하게 다루지 못했다. 그는 그녀의 딜레마와 고통에 깊이 공감하기보다는 제3자의 관점에서 상황을 판단하는 데만 열을 올렸다. 그렇다면 나는 어떠했는가? 나 역시 피장파장이다! 그녀의 사연을 들으면서, 나와는 일면식도 없는 목사를 매우 호전적인 광신자로 분류했으니 말이다. 그 사람은 내게 그저 근본주의자일 뿐이었다. 그런 전제에서 출발하여, 나는 그의 성품을 다방면으로 추측해 보고는 그를 권위적이고 엄격하며 독단적인 사람으로 못 박았다. 목사가 이 여성의 감정을 제대로 다루지 못했을 뿐이라고 생각하지 않고, 그를 형편없는 목회자요 인간이라고 단정했다. 그의 자기 의를 지적하면서 나는 얼마나 뿌듯했는지 모른다.

바로 그날, 바로 그 특정한 사람에 대한 이 목회자의 접근법에 문제가 있었다고 생각할 수 있을지는 몰라도, 이 사람에게 남을 배려하는 구석이라고는 눈곱만큼도 없다고 섣불리 판단해서는 안 될 일이었다. 이 목사의 미숙한 조언이 여자에게 도움이 되지 않은 것은 사실이지만, 그렇다고 해서 그가 여자에게 슬픔을 더 안겨 주려는 사악한 의도를 가지고 있었다고 보기는 힘들다. 나는 그가 잘못했다고 생각하지만, 이 한 가지 사건으로 그의 사역과 인격 전체를 비판해서는 안 되는 것이었다. 나는 일말의 동정심도 없이 이 여인의 삶을 평가한 목사를 비난했지만, 그 목사를 싸잡아 공격한 나에게는 과연 동정심이라는 게 있었을까? 이래서 비판주의가 음흉하다는 것이다. 우리는 비판주의를 단호히 경계한답시고 오히려 더 비판적인 태도를 견지할 때가 많다.

개방성. 건전한 비판은 해결되지 않은 문제를 자신의 관점에서 인식한다. 우리는 모든 문제를 **완벽하게** 이해할 수는 없지만, 그러면서도 충만한 삶을 살 수 있다. 건전한 비판은 수치심이나 자기 경멸 없이도 그 한계를 인지한다. 자기 견해에 아무 문제가 없는 것처럼 자신의 견해를 과시하지도 않는다. 오히려 전체 그림을 보지 못하는 영역이나 문제가 있다는 사실을 인정한다. 객관적 확실성이 없더라도 확신할 수 있다는 것을 안다.

비판하지 않는 태도는 다른 사람의 세계로 들어가는 위험한 여행을 기꺼이 감수하는 것이다. 그럴 때 우리도 변할 가능성이 있다. 헨리 나우웬(Henri Nouwen)은 특유의 설득력으로 이 점을 훌륭하게 설명한다.

누군가에게 진정으로 도움을 주기 위해서는 그가 처한 상황에 개입해야 하며, 그의 고통스러운 상황에 전 인격으로 참여해야 하고, 그 과정에서 마음이 상하거나 상처 입고 심지어는 파멸할 수도 있는 위험을 감수해야 합니다.…불난 집에서 아이를 구하면서 화상 입을 각오도 하지 않는 사람이 있겠습니까? 고독과 절망에 대한 얘기를 들으면서 그와 유사한 고통을 경험하거나 마음의 평정을 잃어버릴지 모른다는 걱정을 하지 않을 사람이 있겠습니까? 간단히 말해, 고통의 상황 속으로 들어가지 않고서 고통을 없애 버릴 수 있는 사람이 어디 있겠습니까?[1]

이와 대조적으로, 비판주의는 자기 견해에는 문제나 한계가 있을 수 없다고 생각한다. 지적 오만으로 절대적 확실성을 고집한다. 그래서 외부에서 도전을 받으면, 질문한 사람에게 적대감으로 반응할 때가 많다. 비판주의는 의기양양하게 확신을 드러내며, 다른 사람들이 자기 견해에 즉각 동의해 주기를 기대한다.

건전한 비판 역시 다른 사람의 마음을 바꾸려고 하지만, 그 방식은 조금 다르다. 건전한 비판을 하는 사람은 토론 중간에 180도 방향을 바꾸어 "당신이 옳다고 생각합니다"라고 말할 수 있다. 이런 일이 흔하지는 않지만, 건전한 비판을 하는 경우 정말로 이런 일이 일어나기도 한다. 상대방의 입장을 충분히 고려해 보았기 때문에 상대방의 관점이 더 설득력 있거나 우리 견해보다 이치에 맞는다는 점을 발견할 때도 있는 것이다. 우리가 진리를 '소유'하고 있다고 교만하게 생각하지 않기에, 새로운 증거가 나오면 얼마든지 생각을 바꿀 수 있다. 그렇다고 해서 우리에게 확신이 부족하다거나 우리가 이전에는 멍청했다는 뜻이 **아니다**. 이제는 새로운 정보, 새로운 관점, 사물을 바라보는 더 나은 방법을 갖게 되었다는 뜻일 뿐이다. 간단히 말해서, 우리가 상처받고 과장된 자아에 연연하지 않을 수 있다면 이런 종류의 변화는 충분히 가능하다.

　이런 예를 한번 생각해 보자. 헨리는 매일 아침 동네 카페에서 은퇴한 친구들과 함께 커피를 즐겨 마셨다. 다양한 주제의 이야기가 오갔지만, 주로 정치 이야기로 모아질 때가 많았다. 사람들은 다른 사람의 견해를 즐겨 들었고, 서로 의견이 다를 때는 건설적인 토론이 오갔다. 하지만 헨리만은 예외였다! 자기 의견에 반대하는 사람은 그냥 두지 못하는 헨리 때문에 흥미진진한 대화가 파투가 날 때가 많았다. 상대방이 예의바른 태도를 갖추어 더 많은 증거를 제시하며 아무리 일리 있는 이야기를 한다 해도, 그는 막무가내로 자기 의견만 고집하며 끈질기게 물고 늘어졌다. 그는 늘 사실과 이치보다는 격한 감정과 의견만 앞세웠다. 흥분한 헨리가 논쟁을 자청하는 통에 평화로운 분위기가 깨진 경우가 한두 번이 아니었다. 마치 뼈다귀를 문 개처럼, 그는 절대로 아무것도 놓치지 않으려 했다. 사람들이 화제를 바꾸려고 하면, 그는 한사코 그 주제를 다시 들추어냈다. 어찌나 얼굴을 붉히며 흥분을 하는지, 친구들은 그가 카페에서 심장마비를 일으키지는 않을까 걱정이 이만저만이 아니었다. 헨리는 대화의 방해꾼이었다. 그가 카페에 모습을 드러내면, 사람들은 그걸로 즐거운 대화는 끝이라고 생각했다. 그가 매일 아침 거기 나타나는 것은 다른 사람의 이야기를 듣고 나누고 이해해 주기 위해서가 아니었다. 자기 의견을 모든 사람에게 강요하고, 사람들과 논쟁을 벌이면서 고약한 희열을 느끼는 것 같았다. 그는 어떤 사안이든 눈곱만큼도 자기 생각을 바꾸려 들지 않았다! 결국 사람들은 헨리 몰래 다른 장소에서 만나기 시작했다.

우리 주변에도 '헨리' 같은 사람이 있기 마련이다. 고집불통 같은 태도는 집요하게 따지기 좋아하는 모습으로 드러난다. 다른 사람들은 그것을 참아 주기 힘들다. 논쟁적인 반응에 기대지 않으면서도 자신의 확신을 주장하기란 쉽지 않은 일이다. 그러나 논쟁적인 반응은 다른 사람들과의 거리감만 낳을 뿐이다. 사람들은 "왜 굳이 내가 미끼를 덥석 물겠느냐"고 반신반의하지만, 논쟁적인 사람이 던지는 미끼를 물지 않는 것이야말로 엄청나게 힘든 일이다.

시간성. 새로운 정보와 다른 관점들에 열려 있다 해도, 건전한 비판이 되려면 결론에 다다르기 전에 모든 증거를 살펴보겠다는 침착하고 차분한 태도가 필요하다. 건전한 비판에는 대개 시간이 걸린다. 증거들을 충분히 저울질하고, 평가하고, 신중하게 생각해 본다. 건전한 비판은 가능한 많은 요인을 차별 없이 검토하려 애쓴다. 정신적 비약이나 부주의한 혹평은 삼간다.

간단히 말해서, 신중한 비판과 성급한 결정은 대척점에 있다고 볼 수 있다. 급작스런 감정적 대응 때문에 성급한 결정을 내릴 때가 많다. 우리는 성급하게 상대방을 정형화된 이미지로 분류하거나, 그의 생각을 우리가 전에 들어 본 '온갖 이상한 생각'으로 치부하기도 한다. 처음 만난 사람을 금세 나만의 분류법으로 구분하기 좋아한다. 무식한 노동자와 지식인, 교양인과 교양 없는 사람, 과격한 페미니스트와 광신적 애국주의자, 광신도와 이교도 등.

어떤 문제나 이슈가 감정을 건드리지 않는다면, 사람들은 대부분 건전한 판단을 내릴 수 있다. 어떤 학교에 진학할 것인가, 어떤 집을 살 것인가, 어떤 보험이 최선인가 하는 것 등이 그런 문제다. 사람들은 이런 문제들에 신중하고 세심하기를 **원한다**.

하지만 사고방식으로서의 비판주의는 무언가에 대한 반작용적인 저항에 기초한다. 그것은 명료한 사고로 하여금 우리 안에서 서로 충돌하는 감정들을 탐색하도록 여지를 주지 않는 감정적 추론이다. 비판주의는 스스로 확고한 증거가 부족하다는 것을 개의치 않는 듯하다. 즉, 비판주의는 반사적인 의견이다.

이 감정적 추론은 과거의 불공평한 경험이나 상처에 근거하는 경우가 다반사다. 과거의 불쾌한 기억을 자극하는 어떤 말이나 행동을 한 사람에게, 우리는 자동적으로 반항하거나 그가 틀렸다고 주장하고 싶어진다. 대개는 무의식적이고 즉흥적으로 이런 감정이 발생한다. 감정이 격해진 나머지, 다른 사람의 이야기를 듣고 그들의 관점을 평가할 수 있는 능력이 사라져 버리는 것이다. 우리는 순식간에, 현재 당면한 문제와는 상관없는 과거의 일로 다툼을 벌이게 된다. 과거에 치유하지 못한 원한과 상처를 복구한 셈이다.

내가 가르치는 심리학 수업에서 한 가지 예를 들어 보겠다. 지그문트 프로이트(Sigmund Freud)를 소개하면 곧바로 위축되는 학생들이 있다. 그들에게 프로이트는 광적 애국주의자이자 성에 정신 나간 사람일 뿐이다. 여성에 대한 그의 평가 때문에, 프로이트가 무슨 말을 하더라도 헛소리라고 생각하는 학생들도 있다! 그의 이름만 들어도 반감을 표시하는 학생들도 있다. 그가 일부 성차별주의적인 태도를 가지고 있다는 이유만으로, 그의 모든 이론은 근거가 없고 탐구해 볼 가치가 없다는 결론을 이끌어 내기도 한다. 프로이트는 자기 사상을 미처 펼쳐 보기도 전에 쫓겨나고 만다.

이런 일은 남녀 관계에서도 자주 벌어진다. 과거의 관계를 제대로 청산하지 못한 부적절한 시기의 만남이라면 더더욱 그렇다. 제니는 앨런의 무책임한 생활방식을 더 이상 참을 수 없다고 결론 내렸다. 앨런은 그다지 미더운 사람이 못 되었는데, 제니는 본인이 의지할 수 있는 사람을 원했다. 제니의 친구들은 브렌트가 그녀의 맘에 쏙 들 거라며, 브렌트와 데이트를 나가도록 등을 떠밀었다. 처음 만나게 된 날, 예상치 못한 교통 체증으로 브렌트는 제니의 집 앞에 8분 늦게 나타났다. 제니는 차에 타자마자 다짜고짜 그가 경솔하고 무감각하다고 따졌다. "저는 믿을 만하지 못한 사람에게는 관심 없어요." 데이트는 엉망이 되었다. 브렌트는 제니의 과거 때문에 부당한 대우를 받았다. 과거의 상처를 해결하지 못한 제니는 성급하게도 브렌트를 '못 미더운' 과로 분류했다. 제니는 데이트를 시작한 지 5분 만에 상대방에 대한 평가를 마쳤다(아니, 상대방을 기다리던 8분 만이라고 해야 더 정확하겠다). 제니는 새로운 관계에서 잠재력과 희망을 볼 수 있을 만큼 자유롭지 못했다. 과거의 경험에 근거한 성급한 판단은 브렌트를 밀어내고 말았다.

두려워하지 않음. 마지막으로, 건전한 비판의 또 다른 특징은 두려움에 좌우되지 않는 것이다. 오히려 건전한 비판은, 다른 정보에 열려 있으면서도 본인이 확보한 정보에 기초해 결정을 내리는 것을 두려워하지 않으며, 그 마음을 신중하게 표현한다. 하나를 선택하면 나머지 하나는 부정해야 한다는 사실을 기꺼이 인정하기에, 건전한 비판은 영원한 보류 상태로 머물지 않는다. 샌프란시스코로 여름휴가를 가면 플로리다는 가지 못한다. 영화를 보러 가면 스포츠 관람은 물 건너가는 것이다. 결정이란 어떤 것을 주장함으로써 다른 가능성들은 포기한다는 의미다. 건전한 비판은 한꺼번에 모든 것을 다 가질 수는 없다는 사실을 잘 안다.

반대로, 비판주의는 증거를 면밀히 검토하고 분석적으로 생각하기를 두려워하는 데서 비롯된다. 비판주의 역시 모든 대안을 세심하게 검토하고자 하는 충동을 느낀다. 하지만 심사숙고하는 태도와 신중함이 결여되어 있다. 비판주의는 자기 의견을 보류할 시간적인 여유가 없다. 그렇게 하려면 너무 많은 수고와 에너지를 소진해야 하기 때문이다. 그 대신, 신속한 흑백 논리식 극단을 취한다. 모든 상황에는 **올바른 결정**과 **잘못된 결정**이 있게 마련이라고 생각한다. 중간 지대란 없다. 올바른 결정이 세 가지나 된다거나 바른 결정이 없는 상황은 있을 수 없다. 비판주의는 인생을 양자택일의 부류에 끼워 맞출 수 있다고 기대한다. 어떤 결정 사항을 다양한 각도에서 검토할 수 있다는 점을 인정하기가 너무 두렵다. 만사에는 한 가지 정답밖에 없다!

당신이 힘겨운 결정을 앞두고 있다면, 복잡하고 모호해서 매우 심사숙고해야 할 문제를 가지고 있다면, 비판주의적인 사람들은 당신에게 큰 도움이 되지 못할 것이다. 그런 사람들은 비판의 고삐를 잘 쥐고 문제를 끝까지 차분히 들어 줄 만한 형편이 못 되기 때문이다. 본격적인 이야기로 들어가기도 전에, 상대방의 말을 끊고는 두 가지 대안을 제시한다. 이런 사람들은 아무리 의도가 좋다고 한들, 최악의 상담가일 수밖에 없다. 이들은 혼란을 견디지 못한다. 시야가 너무 좁아서, 모호한 상황을 들어 줄 능력이 되지 않는다.

그래서 많은 사람들이 전문 상담가를 찾는다. 이들은 조언을 바라는 것이 아니다. 조언이라면 이미 들을 만큼 들었다! 사람들은 자신의 복잡한 문제를 정리할 수 있게 도와줄 사람이 필요하다. 상대방이 이야기를 쏟아 놓고 충분히 고민하도록 배려해 주고, 다양한 각도에서 문제를 볼 수 있는 정신적인 여지가 있는 사람을 필요로 한다. 복잡다단한 세상을 흑백으로 양분하는 사람은 상담가로 적절하지 않다.

비평적 사고와 혹평

비판(making judgments)와 비판적 태도(being judgmental)를 이해하는 또 다른 방법은 비평적 사고(critical thinking)와 혹평(thinking critically)의 차이를

분명히 하는 것이다. 비평적 사고는 비판이라는 목적을 달성하는 데 중요한 기술이라고 할 수 있다. 대학마다 학생들의 비평적 사고 능력 향상을 돕는 강좌가 개설되어 있다. 여기서 내가 말하는 **비평적** 사고란 **부정적**(negative) 사고가 아니라 **신중한**(careful) 사고를 뜻한다. 반대로, 혹평은 비판주의적 사고방식을 불러일으킨다. 상대방이 전달하려는 진심이 아니라 그 사람의 말에 드러난 실수를 꼬투리 잡아, 냉소적이고 적대적인 태도를 보인다. 신중하지 못하고, 의혹이 지나치다 못해 피해망상 수준이며, 상대방의 잘못을 찾는 데 혈안이 되어 있다. 비평적 사고와 혹평의 차이를 이해하기 위해, 표 2.2에 둘의 주요한 차이점을 열거해 놓았다.

표 2.2. 비평적 사고와 혹평의 열 가지 특징

비평적 사고	혹평
비평적 사고는 냉정한 평가를 내리는 합리적 과정이다.	혹평은 적대적인 비판주의를 드러내는 감정적인 과정이다.
비평적 사고는 상대방의 잘못을 교정하고 비판하는 한편, 칭찬과 지지도 아끼지 않는다.	혹평은 나무라고 거부할 거리만 찾는다.
비평적 사고는 섣불리 판단을 내리지 않고 침착하게 인내한다.	혹평은 성급하고 충동적이며, 속전속결로 판단을 내린다.
비평적 사고는 상대방의 견해와 사람 됨됨이를 구별하여 그 견해의 가치만을 따진다.	혹평은 견해와 사람을 뭉뚱그려 그의 성격까지 비판한다.
비평적 사고는 자신이 동의하지 않는 견해를 공정하게 표현하려고 노력한다.	혹평은 과장된 표현과 대략적인 일반화로 가공의 인물을 만들어 낸다.

비평적 사고는 감정적인 추론을 삼갈 줄 아는 능력이다.	혹평은 합리성으로 가장한 감정적 대응이다.
비평적 사고는 비판과 혹평을 구분한다.	혹평은 신랄하고 잘난 척하는 흠잡기를 비평적 사고로 오해한다.
비평적 사고는 혹평을 언제 멈추어야 하는지 안다.	혹평은 상대방을 완전히 무너뜨릴 때까지 끊임없이 계속된다.
비평적 사고는 접근 불가능한 또는 이성으로 해결되지 않는 현실이 있음을 받아들인다.	혹평은 이성으로 해결되지 않는 문제에 합리주의를 강요하여, 정서적, 직관적, 미학적, 영적인 것을 부인하게 된다.
비평적 사고는 자기비판이 가능하다.	혹평은 혹평의 결과가 비평보다 낫다고 전제한다.

이와 같은 차이점은 두 가지 심리 상태를 나타낸다. 사람들은 대부분 두 상태 사이를 왔다 갔다 하지만, 우리가 언제 혹평에 빠지는지 확인하는 것이 중요하다. 혹평은 신중한 태도에서 나오기보다는 주로 빈정댐과 냉소주의, 궁극적으로는 허무주의에서 비롯되는 경우가 많다. 혹평은 우리가 무언가를 지지하면 스스로 얼마나 순진한지를 드러내는 것이라고 믿는다. 그런데 흥미롭게도, 혹평하는 사람들이 자신들의 부정적 성향을 시험대 위에 올려 놓는 법은 거의 없다. 그런 사람들은 아무것도 믿지 않을 때 안전하다고 느끼는 듯하다. 그러나 아무것도 믿지 않는 것은 비판적으로 검토해야 할 아주 중요한 신념이다. 그러므로 혹평은 비판적으로 검토할 필요가 있다.

사려 깊고 편견 없는 태도와 진부한 선전물

솔직히 말해서, 어떤 것을 지지하기보다 무작정 반대하는 것이 한결 쉽다. 정신적·정서적 에너지를 별로 소모하지 않아도 되기 때문이다. 건전한 비판은 많은 노력을 필요로 하기에 쉽지 않지만, 비판주의는 **쉽다**. 나는 열린 마음(open-mindedness)을 강력하게 주장하고 싶지만 완고한 마음(closed-mindedness)을 먹는 것이 백배는 더 편하다. 만족감은 덜할지 몰라도 훨씬 편리하다. 열린 마음을 지닌 사람들은 여러 가지 관점을 이해할지는 모르나, 신중하다 못해 주저하거나 때로는 소심한 경향까지 보인다. 다양한 관점이 있다는 사실을 알면, 사람들은 대개 자기주장을 덜 강하게 하기 때문이다. 다시 말해서, 여러 가지 입장을 공정하게 검토할수록 자기 의견을 더 보류하게 된다. 작가 대니얼 테일러(Daniel Taylor)는 성찰적이고 열린 태도의 장단점을 정직하게 토로한다.

> 성찰적인 사람은 고요하기보다는 흥미롭고, 활동적이기보다는 묵상적이며, 답을 알아 내기보다는 답을 찾아 헤매는 특징이 있다. 그렇기 때문에 창의성과 호기심, 발견의 잠재력과 함께 무력하게 만드는 양면성과 소외, 우울의 잠재력도 높다.[2]

즉, 좀더 깊이 이해하려면 대가를 치러야 한다.
열린 마음을 지닌 사고에 뒤따르는 또 다른 불이익은 화려한 감탄사와 선동적인 어휘가 줄어든다는 점이다. 비판적인 언어는 강력한 언어다. 그런 말을 사용하면 스스로 강한 사람처럼 느껴진다. 하지만 이것은 수치심의 도구요, 우리 입에서 나오는 강력한 표현처럼 우리에게도 확신이 있다고 믿게 만드는 거짓 속임수에 불과하다.

반면, 공정하고 건전한 비판의 언어는 흥미가 덜하다. 세심하고 차분하게, 적절한 표현을 골라 쓴다. 휘몰아치는 감정에 의존하지 않고 이성을 견지한다. 건전한 비판은 아무도 공격하지 않는다. 관중석에서 감탄을 불러일으키지도 않는다. 얼마나 사람들의 시선을 끌 수 있는지에 연연하지 않고, 선동적인 선전물에 의존하지도 않는다. 간단히 말해서, 급소를 찌르는 행위는 사절한다.

우리의 공적 담론이 비이성적인 과장과 속임수를 중심으로 이루어지고 있다는 사실은 슬픈 일이다. 사람들은 자기주장을 입증하기 위해 핵심 내용을 지나치게 과장해서 말한다. 특히 선거철이면 얼마나 많은 정치인들이 과장과 자기 자랑에 열을 올리는지 모른다. 상대방의 반대 견해도 존중하는 신중한 태도는 찾아보기 힘들다. 옳고 그름이 칼같이 구별되고 융통성이라고는 찾아볼 수 없는 진흙탕 세계다. 정확성보다는 화려한 겉모습이 훨씬 더 중요하다.

안타깝게도, 복잡다단한 문제들을 진부한 표현으로 압축한 이 '선전물'에 혹하는 사람들이 많다. 거기에는 간단한 설명과 일반화가 전부다. 자기주장을 입증하기 위해 지나치게 핵심을 과장한다. 선거철마다 수많은 정치인들이 지키지 못할 공약을 남발하고 허풍을 일삼는 것을 들어 보라. 당면한 문제의 모든 측면을 고려하려고 애쓰는 사람은 우유부단하고 확신이 부족하다고 치부하여 소외시키거나 무시하기 일쑤다. 사람들은 그런 사람의 말을 끝까지 들어 줄 시간이 없다.

도발하는 말들을 줄줄이 늘어 놓고, 자신의 제한된 관점으로 토론을 몰아 가는 공격적인 사람이 토론에서 '이기는' 경우가 많다. 포용력과 넓은 이해는 오히려 방해가 된다! 사람들의 구미에 맞지 않는다. 사람들은 복잡한 문제에 대한 100퍼센트 확신을 원한다.

그러나 목소리 큰 사람이 마음도 넓은 것은 아니다. 청산유수라고 해서 이해심이 많은 것도 아니다. "있는 그대로 말한다"라는 것은 실은 매우 편협한 시각을 가졌다는 의미일 수도 있다. 떠들썩하고 자신감이 넘치고 독단적이라고 해서 그 사람이 진실을 말한다고 볼 수는 없다.

비판주의와 오만은 매우 흡사하다. 비판주의를 제대로 이해하고 우리 자신의 사고방식에서 이를 제거하기 시작하려면, 비판주의와 오만의 연관성을 이해하는 것이 중요하다. 바로 이것이 다음 장에서 다룰 주제다.

3장

―

불안정한 오만과
자신감 있는 겸손

　불안정한 오만? 자신감 있는 겸손? 이거 완전히 앞뒤가 맞지 않는 단어 조합이 아닌가? 아니다. 스스로 "열등감으로 충만한, 자존심 센 사람"이라고 말하는 내 친구만 봐도 그렇다. 사실, 그의 말에는 우리가 생각하는 것 이상으로 큰 진실이 담겨 있다. 이 장에서는 불안감과 오만과 비판주의의 관계, 다시 말해서, 겸손과 자신감의 관계를 살펴봄으로써 이 단어들이 서로 잘 어울린다는 점을 입증해 보고자 한다.

　비판주의는 자기 확신이 강한 경우가 많다. 비판주의적 태도를 취할 때면 나는 과장에 빠져서 종종 헨리 나우웬의 말을 잊어버리곤 한다. "한 인간이 지닌 신비는 너무나 크고 심오해서 다른 인간에 의해 설명될 수 없습니다."[1] 그러나 비판주의에 빠진 사람은 다른 사람을 속속들이 평가할 수 있는 완벽한 시각을 가졌다고 주장한다. 이런 정신 상태는 오만하기 짝이 없다. 내가 대체 누구이기에 다른 인간을 완벽하게 평가할 만한 정신적 도구를 갖추었다고 생각한단 말인가? 어떻게 해서 나의 정신 작용이나 생활을 초월하여 하나님처럼 객관적인 위치에서 상대방을 평가할 수 있단 말인가?

　오만한 사고의 문제점은 공감의 필요성을 전혀 느끼지 못한다는 것이다. 이미 모든 진리를 파악하고 있는데, 남의 관점을 귀 기울여 들을 까닭이 무엇인가? 비판적 사고의 중요한 특징 중 하나는 공감이 부족하다는 것이다. 심리학자 칼 로저스(Carl Rogers)가 적절하게 지적했듯이, 공감은 다른 사람의 관점으로 들어가 그 각도에서 삶을 이해하는 능력이다.[2] 공감은 인지 훈련이다. 다른 사람의 감정을 이해하는 것도 공감이지만, 본질적으로는 남의 관점을 취하는 위험을 감수하면서 비판주의에 **빠지지** 않고 상대방에게 귀를 기울이는 정신 작용이다.

공감은 다른 사람의 신념이나 행동에 무조건 찬성하는 것이 **아니다.** 자기 관점을 설명할 시간을 상대방에게 충분히 주고, 선입견 없이 경청해 주는 것이 공감이다. 그러나 공감하며 듣는 태도를 몸에 익히는 데는 위험이 따른다. 상대방의 견해를 듣고 마음이 달라질 수도 있고, 본인이 고수하던 의견에 확신이 적어질지도 모른다. 그러나 결과가 어떻든지, 상대방이 파괴적인 행동을 한 사람이라 하더라도 그 사람을 존중했다는 데 만족할 것이다.

비판주의가 오만한 또 다른 이유는 자기 관점으로만 생각하기 때문이다. 어떤 의미에서, 혹평은 자기 관점에 도취되어 있다. 극도로 비판적일 때는 자유로운 사고가 마비된다. 내가 융통성 없는 생각을 하는 게 아니라, 융통성 없는 생각이 나를 **잠식하는** 것만 같다! 생각의 포로가 되어 밖으로 도통 나가지를 못하니, 그것을 초월한 포괄적인 이해가 불가능하다. 본인의 확실성이라는 포도주에 취해 통제가 되지 않는다.

다른 관점을 고려하지 못하면 다른 사람들과의 관계에 커다란 제약이 생긴다. 누구나 한 번쯤 상대방의 관점은 전혀 고려할 생각이 없는 사람과 대화를 하기 위해 애써 본 경험이 있을 것이다. 얼마나 좌절이 되는 경험인지 모른다. 상대방이 내 의견에 반대해서 힘든 것이 아니라, 내 이야기를 들을 생각조차 하지 않는 것이 힘들다. 상대방은 내 의견을 피력할 기회조차 주지 않는다. 상대방의 의견에 타당성이 있다고 해주면 자동으로 본인 의견은 포기하는 것이라고 믿기 때문이다. 그렇기 때문에 우리가 무슨 말을 하더라도 곧이듣지 않는다.

관계를 맺을 때 가장 중요한 기술이 바로 관점 획득(perspective-taking)이다. 우리가 각자의 시각에만 빠져 있으면, 다른 사람의 관점에서 유익을 얻을 수 없는 것은 당연하다. 관점 획득은 우리가 실재에 대한 독점권을 소유하고 있다는 오만한 사고를 멀리하게 해준다.

자, 이제는 오만과 비판주의의 상관성과 관련된 핵심 질문을 던질 차례다. 과연 오만이 주요한 문젯거리인가? 자기 찬양과 자만이 비판주의에 기여하는 근본 요인인가? 물론 때때로 그런 것처럼 보이기도 한다. 하지만 뭔가 더 근본적인 문제가 있지 않을까? 좀더 구체적으로 말하자면, 오만과 불안감은 어떤 관계인가?

말도 많고 탈도 많은 자존감의 문제

나는 이전에 쓴 책 「죄와 교만, 자기 수용」(*Sin, Pride & Self-Acceptance*)에서

자존감과 관련된 두 가지 상반된 견해를 검토한 바 있다.[3] 그중 한 관점은, 교만은 인간 조건의 근본 문제라는 아우구스티누스의 확신에 바탕을 두는데, 그는 인간이 스스로를 **과소평가하기보다는 과대평가하는** 경향이 있다고 주장한다. 다시 말해서, 인간은 자신을 과장한다는 것이다. 우리는 실제 자기 모습보다 자신이 더 낫다고 믿을 때가 많다. 실제로, 데이비드 마이어스(David Myers) 같은 수많은 사회심리학자들은 이런 성향을 가리켜 이기적 편향(self-serving bias)이라고 말한다.[4] 그런가 하면, 인간은 일이 잘될 때는 자기 공이라 생각하고, 일이 꼬일 때는 남 탓을 한다는 점을 시사하는 연구 결과도 많다. 자기 평가가 굉장히 유리한 쪽으로 왜곡되어 있다는 것이다. 학생들은 A학점을 받으면 자신이 공부를 열심히 한 결과라고 믿지만, 성적이 좋지 않으면 평가 방법이나 교수에게 문제가 있다고 여긴다. 교수들도 본인의 업적을 과대평가하는 경향이 있어서, 많은 교수들이 스스로 교내에서 가장 훌륭한 학자라고 자부한다. 어느 연구에 따르면, 대학 교수의 94퍼센트는 자신이 동료들 사이에서 평균 이상이라고 생각한다고 한다.[5] 마이어스는 이런 사회심리학 연구들이 아우구스티누스의 입장, 즉 인간은 스스로를 과소평가하기보다 과대평가한다는 입장을 다시 한 번 확인해 준다고 믿는다. 이기적 편향, 자기 정당화 성향은 이성을 흐리게 만든다. 마이어스의 표현대로, "세상에는 '자기 부정, 타인 긍정' 신드롬에 시달리는 사람들이 대부분인 것 같지만, 연구 결과는 오히려 윌리엄 사로얀(Willam Saroyan)의 말이 사실에 가깝다는 점을 드러내 준다. '사람들은 하나같이 자신이 악한 세상에 사는 선한 사람이라고 생각한다.'"[6] 마이어스는, 인간 조건을 좀더 정확히 진단해 보면 사람들은 열등감보다는 우월감으로 고통받고 있다고 주장한다.

이와 같은 결론이, 사람들은 낮은 자존감과 심각한 자기 비하로 괴로워한다는 상식과 완전히 어긋난다는 것을 주목하라. 우리는 확실히 자존감을 유지하고 강화하려는 동기가 강하므로, 자존감을 살리는 데 도움이 되는 메시지를 환영할 것이다. 그러나 대부분의 사람들은 자신보다 남이 더 낫다는 느낌은 순순히 받아들이지 않는다. 끔찍한 자기 이미지에 감염된 회중에게 자존감을 살려 주는 설교를 하는 목사들은 애당초 존재하지도 않는 문제에 처방을 내리고 있는 셈이다.[7]

물론 마이어스는 낮은 자존감으로 고통받는 사람도 있다고 믿는다. 그런 사람들은 상담가를 자주 찾지만, 상담가는 이 문제를 지나치게 일반화하여 남들도 다 같은 문제로 고민하고 있다고 말해 준다. 실제로 이런 상담가들이 낮은 자존감을 인간 조건의 주요한 문제로 지적하며 대중 심리학 운동을 이끌어 왔다. 마이어스가 보기에, 이것은 수준 미달의 과학과 매우 안타까운 메시지에 불과하다. 그 때문에 우리 사회는 인간이 스스로를 과대평가하기보다 과소평가한다고 생각하게 되었다. 낮은 자존감을 가진 극소수의 이 환자들은 일반적인 사람들과는 거리가 멀다.

그러므로 마이어스는 이 사회심리학 연구를 활용하여 교만(pride)이 주요한 죄라는 아우구스티누스의 전제를 확증하고자 한다. 인간의 자연적인 성향은 자기 평가에 지나치게 호의적이며, 실제 자기 모습보다 스스로 더 낫게 여긴다. 이것이 최종 결론이라면, 우리는 혹평에 관련된 오만함을 액면 그대로 취해야 한다. 사람들은 **정말로** 스스로를 과대평가한다.

그렇다면 사회심리학자들의 연구가 자아상 전반을 반영하느냐의 여부가 중요한 질문이 된다. 많은 임상심리학자들과 심리치료사들, 정신분석가들은 그렇지 **않다**고 믿는다. 그들은 사회심리학 연구의 성격 자체에 문제가 있다고 본다. 연구 결과의 기초가 되는 설문조사와 면접이 사람들의 생각을 깊이 있게 다루지 못한다는 것이다. 심리치료사들은 이런 표면적인 자기 확신이 실제 그 사람의 내면에서 벌어지는 일을 드러내 주지는 못한다고 생각한다. 다시 말해서, 인터뷰 중에 스스로를 긍정적으로 평가하는 것과 건실하고 높은 자존감을 소유하는 것은 별개의 문제다. 사람들은 상대방이 듣고 **싶어** 하는 내용이나 스스로에게 **바라는** 내용을 말하는 경우가 많다. 그러나 여러 임상심리학자들에 따르면, 이 모든 것은 아첨과는 거리가 먼, 숨은 감정에 대한 보상인 경우가 많다. 이 임상심리학자들은 무슨 근거로 이렇게 주장할까? 그들은 심리치료 과정에서 내담자들의 방어 기제를 뚫고 들어가 그들이 깊은 불안감을 가리기 위해 내세운 오만함을 자주 보았기 때문이다. 자화자찬하는 겉모습과 달리, 속에는 너무나 여리고 약하며 불안한 자아가 자리 잡고 있다. 사회심리학자들이 다수의 사람들을 상대로 표면적인 연구만 하는 동안, 심리치료사들은 소수의 사람들과 한층 더 깊이 있는 연구를 하는 셈이다. 그래서 심리치료사들은 설문조사 결과가 아니라 자신들이 직접 발견한 내용을 신뢰한다.

여기서 핵심적인 문제는 무의식의 중요성이다. 많은 심리치료사들과 모든 정신분석가들은 어떤 사건의 배후에는 무의식의 영역이 항상 자리 잡고 있다고 본다. 겉으로는 자부심처럼 비치지만 실상은 자기애적인 상처의 전력인 경우가 많다. 자기 자랑이 심한 사람들은 대부분 무의식적인 자기 회의에 시달리며, 우월감으로 똘똘 뭉친 사람들도 자신은 늘 부족하다는 생각에서 빠져나오지 못한다. 정신분석가라면 사회심리학자에게 이렇게 말함직하다. "물론, 자신을 방어하고 보완하는 행동의 일환으로, 연구 대상들은 자신에 대해 만족스럽다고 말할 것입니다. 하지만 그들이 정말 그렇게 여기는가 하는 것은 다른 문제죠."

이런 논란은 인간 정신에 대한 색다른 연구 방법과 근본적으로 다른 견해에 기인한다. "교만이 문제"라는 집단이 아우구스티누스에게서 비롯된 신학적 근거를 주장한다면, 아마도 "낮은 자존감" 집단은 이레니우스에게 신학적 근거를 둘 수 있을 것이다. 이레니우스는 오만과 교만보다는 불안감과 미성숙에서 인간의 딜레마가 나온다고 보았다. 대개 복음주의자들은 아우구스티누스의 영향을 많이 받았다. 게다가, 적어도 나의 견해로는, 복음주의자들 중에는 심리치료사보다는 학문과 연구 중심의 심리학자가 더 많은 것 같다. 다시 말해서, 이 심리학자들은 무의식에는 별다른 관심을 보이지 않았다. 사실상 대다수 복음주의의 치료 형태는 정신건강의 중추인 의식적 근거에 초점을 맞춘다. 인지 치료가 대세다. 반대로, 미국의 주류 교파인 자유주의는 심층 심리학의 영향을 많이 받았다. 역사적으로, 주류 집단인 미국목회상담협회(American Association of Pastoral Counselor)는 오랫동안 정신분석가들에게 구애 작전을 펼쳤다. 안타깝게도, 자유주의자와 복음주의자를 넘나드는 대화는 찾아보기 쉽지 않았다. 복음주의권에서는 몇몇 탁월한 학자를 배출했는데, 특히 과학철학과 심리학의 대화나 심리학과 신학의 대화를 시도한 이들이 돋보인다. 자유주의자들 중에는 다양한 형태의 심리치료에 대해 흥미로운 신학적 평가를 내리는 이들이 있다. 로마 가톨릭에는 영성 계발과 심리치료 과정을 연결 짓는 풍성한 전통이 있다. 그러나 이 세 집단이 서로 귀를 기울이던 시절은 이제 옛일이 되어 버렸다.

그렇다면 우리는 이 교만 대 낮은 자존감의 논쟁을 어떻게 바라보아야 할 것인가? 또 이것이 비판주의라는 이 책의 주제에 어떻게 연결되는가? 이 문제와 관련하여 카렌 호나이(Karen Horney)의 사상에서 큰 도움을 받을 수 있으리라 생각한다. 카렌 호나이는 교만과 자기 경멸은 사실상 동전의 양면이라고 줄곧 주장했다.[8] 이 주제에 관심 있는 독자들은 나의 책 「죄와 교만, 자기 수용」을 읽어 보기 바란다. 여기서는 같은 내용을 반복하지 않겠지만, 호나이의 핵심 주장 몇 가지만 간략하게 언급하려 한다.

호나이는 인간의 과시주의 이면에는 불안감과 자기 경멸이 숨어 있다는 정신분석가들의 주장을 선뜻 수용한다. 호나이는 '오만'(arrogance)을 뜻하는 영어 단어가 본인이 소유하지 않은 것을 자기 소유로 주장한다는 의미의 '침해하다'(arrogate)라는 단어에서 나왔다는 점을 자주 지적한다. 그렇게 해서 호나이는 건전한 자존감과 신경증적인 자만(오만)은 천지차이라는 점을 훌륭하게 발전시킨다. 오만한 겉모습 배후에는 과시와 신경증적인 자만으로 연약한 모습을 가려 보려는 유약한 자아, 불안정한 자아가 자리하고 있다. 여기에 호나이는 또 다른 통찰을 덧붙인다. 자기 과장 배후에 불안감이 자리하듯, 낮은 자존감처럼 보이는 모습 배후에도 자기 과장이 도사리고 있다는 것이다.

다르게 표현해 보자면, 우리 안에서 무의식적으로 교만이 작동하여 이상적인 자아의 모습을 강요하기 때문에 자신을 혐오하는 경우가 많다. 끊임없이 스스로를 나무라는 사람이라면, 스스로 작동시키고 있는 암묵적(이면서도 오만한!) 전제들을 꿰뚫어 보아야 한다. 그런 사람은 아마도 인간이라면 누구나 겪는 평범한 문제들을 초월하려고, 남들도 다 겪는 그런 어려움들을 어떻게든 피해 보려 애쓰는 것인지도 모른다. 너무 매정하게 들릴지도 모르지만, 만성적으로 낮은 자존감에 시달리는 사람들은 자신이 남보다 나아야 한다는 암묵적인 교만에 동조하고 있는지도 모른다. 그래서 호나이는 교만과 자기 경멸이 동전의 양면이라고 주장하는 것이다. 사람들은 신경증적인 자만 배후의 불안감은 잘 보면서도, 자기 경멸의 배후에 있는 신경증적인 자만은 놓치는 경우가 많다. 하지만 호나이가 보기에는, 두 가지 다 큰 문제다.

오만과 비판주의의 연결고리가 너무나 결정적이므로, 나는 거짓 자만과 진짜 자신감의 핵심적인 차이를 표 3.1에 나열해 보았다(호나이의 연구에서 빌려온 내용이 많다).

표 3.1. 자신감 있는 겸손 대 불안정한 오만

자신감 있는 겸손	불안정한 오만
자신감 있는 겸손은 현실적인 평가에 기초한다.	불안정한 오만은 자신이 소유했다고 주장하는 상상 속 자질에 근거한다.
자신감 있는 겸손은 자신의 진짜 모습과 실제 잠재력과 조화를 이루어 목적을 추구한다.	불안정한 오만은 끊임없이 칭찬을 찾아 헤매는 거짓 자아를 만들어 낸다.
자신감 있는 겸손은 성품에 기초한다.	불안정한 오만은 명성을 뽐내려고 자기 업적이나 성과, 관계를 과시하고 싶어 한다.
자신감 있는 겸손은 자기를 떠받드는 사람이 아니라 좋은 관계를 원하고, 인간이기에 저지를 수밖에 없는 잘못과 한계를 인정한다.	불안정한 오만은 과장된 미덕을 주장하면서, 끊임없이 청중을 원하고, 남들이 무관심하면 분노한다.
자신감 있는 겸손은 인간의 조건을 잘 인식한다.	불안정한 오만은 특혜와 특권을 요구한다.
자신감 있는 겸손은 윤리적 책임과 용서의 필요성을 인정한다.	불안정한 오만은 자신의 윤리적 결함을 축소하고 정당화한다.
자신감 있는 겸손은 다른 사람들의 업적을 인정하고 감사할 줄 안다.	불안정한 오만은 큰일을 해 낸 사람들에게 질투심과 모멸감을 크게 드러낸다.

자신감 있는 겸손은 자신의 어두운 부분을 두려워하지 않는다.	불안정한 오만은 자신의 문제를 부인하면서 남에게 전가한다.
자신감 있는 겸손은 현실을 인정하는 것을 겁내지 않는다.	불안정한 오만은 현실보다는 이미지에 사로잡혀 있다.
자신감 있는 겸손은 약한 모습도 인간성의 일부로 받아들인다.	불안정한 오만은 약한 모습을 혐오하고 어떻게든 은폐하려 한다.
자신감 있는 겸손은 자기 행동에 책임 질 줄 안다.	불안정한 오만은 잘못한 일을 변명하고 남에게 뒤집어씌우기 일쑤다.

과대성과 수치심, 나르시시즘

지난 수십 년 동안, 나르시시즘이라는 주제는 개인적인 관심사를 벗어나 미국 사회의 문화적 비평이라는 폭넓은 범위로 확장되었다. 크리스토퍼 라쉬(Christopher Lasch)의 책 「나르시시즘의 문화」(*The Culture of Narcissism*, 문학과지성사 역간)[9]가 선두에 서기는 했지만, 다른 사회 비평가들도 이런 주장에 중요한 공헌을 했다.[10] 사람들은 나르시시즘을 자기 생각과 과장에 빠져 남의 칭찬과 찬양을 끊임없이 필요로 하는 성향으로 이해했다. 나르시시즘은 세상만사를 자기중심으로 생각하는 관점에 근거한다. 나르시시즘은 제멋대로에, 이기적이며, 자기밖에 모른다. 나르시시즘에 빠진 사람들은 자기 내면에만 관심을 쏟기 때문에 남을 돌아볼 능력이 없다. 그들이 원하는 것은 거울이지 관계가 아니다. 주고받는 관계는 필요 없고, 청중만 필요할 뿐이다. 이런 사람들은 스스로 특권을 부여받았다고 느끼고, 원하는 바를 충족하지 못하면 불같이 화를 낼 때가 많다. 또 빈틈없이 완벽한 사람이라고 자부하므로 무슨 일에든 후회하는 법이 없는 것 같다. 자기가 원하는 것은 다 갖추었으므로 감사하는 법도 없다. 웬만해서는 그 사람들에게서 감사와 진심어린 사과를 듣기 힘들다. 또한 이처럼 자아에 도취된 사람들은 자기보다 더 성공한 사람들에게 악의에 찬 질투심을 드러낼 때가 많다. 간단히 말해서, 나르시시즘이란 추악한 심리 상태로 묘사할 수 있다.

정신분석의 역사를 보더라도, 나르시시즘에 대해 부정적인 견해를 보였음을 알 수 있다. 프로이트는 1914년부터 나르시시스트는 정신분석으로 치료할 수 없다고 주장했다. 프로이트는 인간은 누구나 '일차적 나르시시즘' 상태에서 태어난다고 믿었다. 일차적 나르시시즘이란, 리비도의 첫 번째 대상이 자기 자신이라는 것이다. 갓난아기들은 자연적으로 스스로를 우주의 중심으로 본다. 이런 자아중심성은 아주 자연스러운 것이다. 그러나 건전한 발달 과정을 거치면서 아이들은 결국 타인에게로 관심을 돌리게 된다. 프로이트는, 인간의 리비도 에너지에는 한계가 있기 때문에, 자신을 사랑하면 남을 위한 에너지는 남지 않게 된다고 보았다. 사람이 성장해서도 계속해서 자신에게만 몰두하는 것을 가리켜 '이차적 나르시시즘'이라고 한다. 정신분석은 인간의 일생에서 과거의 관계에 초점을 맞추는데 나르시시스트는 다른 사람과 관계를 맺을 능력이 없으므로 분석에 자원하지 않는다. 과거의 관계로부터 분석가에게 '전이할' 것이 없으므로, 분석이 불가능하다. 이와 같은 전이가 분석이 이루어지는 수단이기 때문이다. 따라서 초기 정신분석 전통에서조차 나르시시즘의 조건을 비판하는 태도가 많았다.

나르시시스트는 과잉의 자존감 때문에 스스로를 완벽한 종(種)으로 바라보는 것처럼 보인다. 그래서 나르시시즘은 다른 사람에 대한 비판주의와 직결될 때가 많다. 나르시시스트는 다른 사람들을 너무나도 필요로 하기 때문에 그들을 완전히 소외시킬 수 없지만, 그럼에도 불구하고 그들은 자기만 의롭고 남을 비난하는 태도를 취하기 쉽다. 그들은 늘 다른 누군가를 탓한다. 그들 자신의 탓인 게 **가당키나 하단 말인가**?

나르시시즘이라는 문제는 비판주의의 양날을 볼 수 있는 좋은 기회를 제공한다. 한편으로, 나르시시즘과 오만한 비판주의는 자주 협력한다. 나르시시스트들은 요구 사항이 많고 자신의 무죄를 주장하면서 다른 사람들을 매섭게 비판한다. 백번 옳은 말씀이다. 하지만 우리 역시 나르시시스트들을 심하게 비판했다는 점을 지적하고 싶다. 우리는 그들이 자기밖에 모르고 제멋대로에다 비윤리적이며 구제 불능이라는 낙인을 찍었다. 나르시시즘에 대한 이야기는 대부분 "웩!"이라는 표현으로 끝을 맺는다. 다시 말해서, 나르시시스트들은 때로 우리 시대의 심리적 나병환자처럼 취급되어 우리의 동정조차 받기 힘든 지경이 되었다. 어떤 사람을 나르시시즘으로 진단하면, 곧 그 사람의 인생은 가망이 없다, 즉 거기서 마침표를 찍는다는 뜻이다.

내가 하고 싶은 말은, 사람들이 나르시시즘에 대해 이렇게 설교를 늘어 놓으면서 배후에 있는 그 사람 자체는 보지 못하는 경향이 있다는 것이다. 목회 상담가 도날드 캡스(Donald Capps)는 신학자들이 나르시시즘의 특성과 역동을 충분히 이해하지 못한 채 나르시시즘을 정죄하는 시류에 너무 쉽게 편승했다고 말한다.[11] 다시 말하면, 우리가 나르시시즘을 '단지 오만'의 문제로 보는 한에는, 나르시시스트를 경멸로 대하고자 하는 유혹만 강해질 뿐 그 사람의 더 깊은 실제 모습은 오해할 소지가 높다. 종교로 포장하건, 심리학으로 포장하건 간에, 비난이기는 마찬가지다. 나르시시스트들에 대한 비난은 그들의 겉모습과 과시주의 배후의 깊은 상처를 다루지 않는다. 달리 표현하자면, 나르시시스트들에게 가장 절실한 것은 은혜, 즉 받아들여졌다는 느낌을 내면화하는 것이다. 그렇게 되면 자기에게만 몰입하는 고통에서 해방될 수 있다.

기독교 사상계 내부에는 오만을 주요한 죄로 간주하려는 성향이 강하지만, 우리로 하여금 이런 자기 칭찬 이면을 볼 수 있게 도와주는 다른 근거도 많다. 예를 들어, 키르케고르(Kierkegaard)는 인간이라면 근심에서 자유로울 수 없다고 이해했다. 인간은 자신의 미래, 자신이 내린 선택의 결과, 자신의 한계, 그리고 궁극적으로는 죽음을 염려한다. 이렇게 우리를 혼란스럽게 하는 근심을 피할 수는 없다. 아무리 좋은 약이나 심리치료법을 사용해도 근심 걱정을 없앨 수는 없다. 나르시시즘은 이런 유한성을 극복하고 자유롭게 하늘을 날며 사는 것처럼 보일 수도 있지만, 실상은 염려와 염려가 불러일으키는 불안감은 사라지지 않는다. 나르시시스트들이 이런 불안감을 잘 숨길 수 있을지는 몰라도, 그렇다고 해서 불안감이 사라지지는 않는다.

오히려, 나르시시스트가 자기 자신에 집착하는 모습은 내면이 불안하다는 증거다. 키르케고르가 잘 지적했듯이, 이런 염려 자체가 죄는 아니어도, 죄의 전제 조건이기는 하다.[12] 우리는 인간의 유한성을 인정하고 창조주를 온전히 신뢰할 수도 있고, 불안정한 상태를 스스로 해결해 보려고 다방면으로 방법을 모색할 수도 있다. 그러나 마치 모래 위에 서 있는 사람처럼, 이 근본적인 염려를 해결하려고 애를 쓰면 쓸수록, 더 깊이 빠져들 뿐이다. 염려를 받아들이지 않는 사람은 자신이 삶의 중심에 서서, 스스로 하나님이 된다. 자기 운명을 스스로 결정하고 통제한다. 문제는, 이런 궁극적인 문제들과 싸워 정복할 만한 능력이 우리에게 없다는 것이다. 겉으로 그런 체할 수 있을지는 몰라도(나르시시즘은 견고한 자존감이나 자신감에 근거하지 않는 허세라고 나는 말하고자 한다. 나르시시즘은 실제 잠재력을 넘어선 거짓 확신이다), 현실은 그렇지 않다.

라인홀드 니버(Reinhold Niebuhr)가 제시한 인간 조건에 대한 명석한 분석에서도 이런 강조점이 엿보인다. 키르케고르의 사상에 크게 영향을 받은 니버는 염려와 죄의 관계를 분석하기도 했다. 니버는 주로 교만과 자기 찬양(self-exaltation)이라는 죄를 신랄하게 비판한 것으로 유명하다. 니버는 자기중심적인 교만과 오만으로 가득 찬 독재 정권의 역사적인 시기에 글을 썼다. 그러나 니버는 이 교만의 급소를 놓치지 않았다. 그는 이 교만이 숨겨진 염려, 존재론적 불안감, 하나님에 대한 불신에서 비롯된다는 점을 잘 알았다. 교만은 너무 파괴적이기 때문에 그는 맹공을 퍼부었다. 그러나 니버가 생각하는 교만은 자신이 스스로를 지배한다는 것을 요란하게 드러내는 것 이상이었다. 니버가 보기에는, 하나님을 신뢰하지 않고 자기 손으로 인생의 문제를 해결하려 할 때 교만이 고개를 쳐든다. 때로 이 교만은 겉으로는 교만처럼 **보이지** 않을 수도 있다. 교만은 다양한 형태를 띨 수 있는데, 그중에는 앞서 언급했듯이, 스스로에 대한 높은 기대 수준 때문에 자기를 혹평하는 경우도 있다. 니버를 비판하는 페미니스트들이 과도한 자기 과시의 죄가 여성보다는 남성에게서 많이 드러난다고 지적한 것은 옳았지만, 니버는 교만이 불안감과 염려와 밀접한 관련이 있다는 점을 잘 이해하고 있었다.

'불안정한 오만'이라는 역설적인 표현을 통해, 나는 누가 봐도 분명한 오만뿐 아니라 그 오만을 부추기는 불안감을 지적하려고 한다. 다른 말로 하자면, **과대성**(grandiosity)**과 수치심은 대개 같이 간다**는 것이다. 또는 나르시시스트는 스스로 부적합하고 공허하며 불완전하다는 느낌, 심지어 열등하다는 심리에서, 자기 의, 교만, 다른 사람에 대한 경멸, 허영, 우월감이라는 보상 심리로 옮겨 간다고도 말할 수 있을 것이다. 나르시시스트의 내면에는 이 두 가지 극단이 공존한다. 여기서 명심해야 할 것은 과대자기(grandiose self)는 깨지기 쉬운 연약한 자아라는 점이다.

프로이트에서 코헛으로

프로이트 이후로 가장 선구적인 정신분석가로 꼽는 하인즈 코헛(Heinz Kohut)은 평생 나르시시즘 연구에 전념했다.[13] 프로이트와 달리, 코헛은 나르시시스트들을 포기하지 않고 그들의 자기 장애 구조를 파악하기 위해 애썼다. 코헛은 프로이트의 이론을 속속들이 꿰뚫었다는 명성을 얻었지만, 최소한 나르시시즘의 문제만큼은 프로이트의 연구가 부족했다고 생각했다.[14]

코헛은, 나르시시즘을 본질적으로 자격감(sense of entitlement)과 과대성이라는 제멋대로인 상태로 본 나르시시즘에 대한 전통적 프로이트의 접근법이 무의미하다고 본다. 코헛은 자기를 과시하는 겉모습(과대성)보다는 이면의 연약함에 초점을 맞추는 것이 훨씬 더 중요하다고 믿는다. 코헛은 그 두 가지가 모두 존재한다는 점을 부인하지는 않는다. 단지 약한 측면을 우선적으로 다루어야 한다고 생각할 뿐이다. 과대성은 과거의 나르시시즘적인 상처가 존재한다는 것을 드러낸다. 다시 말해서, 나르시시스트는 격려와 긍정, 관심이 부족했던 초기 발달 단계에 집착한다는 것이다. 나르시시즘적 성향은 갈망이 충족되지 못했다는 증거다. 나르시시스트들은 아동기에 꼭 필요한 것들이 결핍되어 있다. 자기 과시의 기회가 부족하거나 자기 정체성을 반영해 주는 부모가 없었다. 나르시시스트들의 흥분과 인식과 실망은 반사되어 돌아오지 않았다. 그 결과, 나르시시스트들은 주변에 있는 모든 사람에게서 그런 반영을 얻기 위해 애쓴다.

실제로, 지켜보는 다른 사람이 없다면 나르시시스트의 경험은 비현실적으로 간주될 때가 많다. 건강한 발달 과정에서라면 아동은 부모에게서 이런 관심과 지지, 정서적 위로를 받기 때문에 나중에 스스로를 위로할 수 있다. 부모에게서 받은 자원을 소화하여 자기 자녀에게 물려준다. 코헛은 이것을 '변형적 내재화'(transmuting internalizations)라고 한다. 건강하지 못한 발달 과정에서는 유년 시절의 과대 자기가 전면에 나서 행동하는 경우가 없다. 반영에 대한 이런 욕구는 그냥 사라지지 않고 성인기에 나타나는데, 주로 성인기에서의 관계가 자신의 나르시시스트적 아동기의 필요를 채워 주리라는 기대감으로 표출된다. 데이비드 옥스버거(David Augsburger)는 이런 과정을 아주 잘 묘사해 준다.

> 주변 세상에서 무익하고 공감받지 못하고 이해받지 못하는 주체로 살아 가는 사람이 있다면 그 굶주린 자아는 왕성한 나르시시즘적 필요를 품게 된다. 거부감이 극단적일수록, 공허한 자아로 그것을 보상해 보려는 심리도 극단적이 된다. 충족되지 못한 욕구 때문에 자기 구조에 구멍이 생기고 자아 형성에 틈이 벌어진다.[15]

코헛은, 부모가 자녀의 연령대에 적절한 과시주의(exhibitionism)에 적극적으로 공감하면서 반짝이는 눈빛 속에 희망을 드러내야 한다고 주장한다. 간단히 말하자면, 부모는 자녀들의 성취와 과시를 즐겨 지켜보아야 한다. 자아가 성숙하고 발달하려면, 이 초기 단계의 과시가 잘 반영되어야 한다. 이것이 잘 이루어지면 아동은 그 상태에 머무르지 않는다. 부모는 어쩔 수 없이 자녀에게 공감하지 못할 때가 있겠지만, 이렇게 조금씩 공감이 이루어지지 않더라도 자녀는 그것을 치명적인 상황으로 인식하지 않는다. 오히려 이것은 최적의 좌절을 자녀에게 제공함으로써 아동이 현실에 적응할 수 있도록 돕는다. 아이들은 일단 우주의 중심이 되는 기회를 얻은 이후에는 더 이상 그 자리에 연연하지 않는다.

부모는 또한 자녀들이 부모를 이상화할 수 있게 해야 한다. 자녀들은 부모를 이상화함으로써 스스로 강해지는 것을 느낄 수 있다. 자녀들은 자기보다 더 큰 어떤 것에 소속감을 느껴야 한다. 부모를 이상화함으로써 자녀들은 확신과 안정감을 가질 수 있다. 코헛은 부모가 이 이상화를 받아들이는 것이 매우 중요하다고 생각한다. 아이들은 부모의 능력에서 힘을 얻는다. 처음에는 이상화가 과장처럼 보이겠지만, 여건이 허락하면 나중에는 좀더 현실적인 이미지로 자리 잡을 것이다. 자아를 강화하는 것은 더 크고 강력한 자아와 연결될 때에만 가능하다. 간단히 말해서, 자녀들은 부모의 힘을 받아 자기만의 튼튼한 자아를 발전시킬 수 있다. 언젠가는 부모도 불완전한 사람임이 밝혀지겠지만, 당분간은 이상화가 필요하다.

자녀의 과대성의 일환으로, 반영(mirroring)과 이상화가 필요하다. 건강하게 발전하면 이 과정은 성인기의 건전한 야망과 동기로 변화되고, 이전에 이상화되었던 부모는 자녀를 인도하고 가치관을 심어 주는 내면의 근원이 된다. 옥스버거는 이 과정이 제대로 이루어지지 **않을** 때 어떤 결과가 나타나는지를 다음과 같이 묘사한다.

이 두 가지 필요/과정이 제대로 이루어지지 않으면, 과대 자기가 무너지기 시작한다. 이상화된 부모에게 과장된 기대를 품고 자격감을 주장하며 자신의 중요성과 능력과 힘을 과대평가하는 자아가 무너지는 것이다. 다른 사람들이 자신의 '과대 자기의 무한한 과시주의'에 대해 자신이 기대했던 반영과 인정, 존경으로 반응하지 않으면 수치심이 발생한다.···자기 자신에게 지나치게 집중하는 나르시시즘은 중요한 타자에 의한 적절한 돌봄을 자신이 하고 싶은 대로 내버려 두는 자기 돌봄으로 대체하려는, 심각하게 부적절한 자아의 시도다. 나르시시즘이라는 자기중심적인 행위는 자존감과 자기 가치감이 너무 높아서가 아니라 오히려 너무 낮기 때문에 일어난다. 빈약한 자아가 관심과 확인을 절실히 필요로 하는 것이다(그 방법이 얼마나 세련되게 드러나는지 혹은 예술적으로 표현되는지는 상관없다).[16]

옥스버거의 말에는 코헛의 통찰이 여실히 드러난다. 나르시시스트적인 자아는 본인의 발달 과정에서 결여된 것을 과도한 관심과 아첨으로 대체하려고 애쓴다. 그러나 어린 시절에 부족했던 것을 만회해 보려는 시도는 실패할 수밖에 없다. 성인이 된 나르시시스트가 자기 삶을 기꺼이 희생해서라도 다른 사람의 나르시시스트적인 필요를 채워 주려는 사람을 만날 수도 있겠지만, 대부분은 순식간에 인내심이 바닥난다. 남의 관심을 받고 싶은 끊임없는 갈망 때문에 나르시시스트들은 같은 방에 있는 다른 사람들이 '눈에 들어오지도' 않는다. 나르시시스트들이 스스로를 과대평가하면 나머지 사람들은 자연스럽게 평가 절하된다. 다른 사람들을 독립적인 자아로 보기보다 자신의 나르시시스트적 욕구를 채워 줄 사람으로만 본다. 남들은 내게 관심을 보여 주는 도구요, 나를 지켜봐 주는 청중으로만 존재하지, 그 사람의 삶이란 존재하지 않는다. 그런 관계에서는 상호 의존이나 상호 작용은 찾아보기 힘들다.

다시 말하지만, 부모는 자녀가 커 가면서 어쩔 수 없이 자녀의 나르시시스트적 필요를 채워 주지 못하게 될 것이다. 그것이 건강한 발달 과정이다. 그러나 이런 상황이 아이에게 너무 갑작스럽거나 큰 혼란을 야기해서는 안 된다. 코헛은 이렇게 점진적으로 나르시시스트적 필요를 거두는 것을 가리켜 '최적의 좌절'(optimal frustration)이라고 말했다. 이것이 중요한 까닭은 (a) 자녀가 자신의 나르시시스트적 필요를 모두 충족시킬 수는 없다는 것을 배우고, (b) 늘 곁에서 도와주는 타인에게 의존하지 않고도 스스로 위로하는 법을 배울 수 있기 때문이다. 이런 자기 위로 능력이 없는 성인들은 반영과 확인을 위해 과도하게 타인에게 의존한다. 스스로 자기를 돌볼 능력을 계발하기 못했기에 이와 같은 의존성이 지나치게 높다. 다른 사람에게 '보여 주기' 전에는 아무것도 존재하지 않는다. 이런 관객 중독은 타인에게, 늘 곁에서 나르시시스트들을 돌봐주어야 한다는 어마어마한 압박감을 준다. 나르시시스트는 자신이 끊임없이 관심을 받을 자격이 있다고 생각하지만, 절망적 심정이 그런 자격감을 자극했을 뿐이다. 반영이 없으면, 자아도 없다. 나르시시스트들은 거울을 들고 서 있을 힘조차 없다.

코헛은 나르시시스트들을 대상으로 연구를 하면서, 대립각을 세우는 설명보다는 공감이 더 유익하다는 사실을 발견했다. 다시 말해서, 코헛은 분석 과정에서 그들이 반영과 이상화에 대한 어린 시절의 필요를 재현하도록 했다. 삶을 위협하는 파괴적인 충동보다는 당사자가 어린 시절에 겪은 상처받은 심리 환경에 중점을 둔다. 이런 양육과 반영 경험은 나르시시스트들이 앞으로 나아가지 못하게 막는 상처를 다룬다. 옥스버거가 말했듯이, "공감의 목표는 다른 사람의 문제를 해결해 주는 것이 아니라, 그 사람의 내면으로 들어가 그에게 힘을 주고, 좀더 기능적인 자아의 성장을 지지하며, 성숙으로 향하도록 돕는 것이다. 그것은 단순한 사랑의 치료법이 아니라, 치료를 가능케 하는 공감 안에서 치유하는 통찰을 제공하는 돌봄의 이해다."[17)]

코헛은, 이런 공감적 몰입이 제공될 때, 나르시시스트에게서 더욱 건강하고 현실적인 자기 이해가 나타나는 것을 발견했다. 어떤 의미에서 분석가는 건강한 부모가 감당했을 일을 해주는 것이다. 즉, 공감하는 반영과 이상화의 능력을 제공해 준다. 이 환자는 분석가가 완벽한 청자도 아니요, 전능하지도 않으며, 늘 필요한 것도 아니라는 사실을 서서히 깨달아 간다. 그리고 분석가가 제시한 내용의 일부를 내면화한다. 처음부터 환자의 과대성을 나무라거나 자격감에 반기를 들면, 그들을 더 방어적으로 몰아 갈 뿐이다. 오히려 나르시시스트들의 분노만 살 수도 있다. 이런 분노는 그들의 깊은 상처와 연관이 있다.

코헛이 보기에는, 정도의 차이는 있지만 사람은 누구나 나르시시즘의 문제와 씨름하고 있다. 그러니 남 이야기를 할 때가 아니다. 어린 시절에 받은 나르시시스트적 상처들은 대부분의 심리 문제에 가장 주요한 원인을 제공한다. 예를 들어, 코헛은 프로이트가 꼽은 두 가지 주요한 동인인 성과 공격성은 '분해된 부산물'(disintegrative byproducts)로 설명할 수 있다고 믿는다.[18] 자아가 입은 상처는 성과 공격성의 문제보다 더 근본적이다. 수치심과 분노의 경험 사이에는 긴밀한 연관이 있다. 코헛은 파괴적인 공격성을 인간의 생물학적 충동이 아니라, 나르시시스트적 상처에 대한 반작용으로 본다. 성적 충동도 마찬가지다. 난잡한 성생활은 부차적인 문제다. 더 깊은 문제는 나르시시스트적 공급을 찾는 상처받은 자아에 있다.

이 지점에서 코헛을 오해하거나, 그가 환자에게 전혀 해석을 제공해 주지 못하고 있다고 생각하기 쉽다. 하지만 그것은 사실이 아니다. 코헛의 생각으로는, 해석이란 정서적으로 거리감을 느끼는 분석가의 냉담한 행위가 아니라 공감의 부산물이다. 코헛은 '경험에 가까운'(experience-near) 해석을 원한다. 다시 말해서, 스스로 내담자의 세계에 푹 빠지는 것이 정보 수집의 주요한 방법이다. 이런 의미에서, 공감적 접근법은 그저 환자를 편하게 해주는 온정 넘치는 행위에 불과한 것이 아닌, **과학적** 접근법이라 할 수 있다. 공감을 통해 분석가는 자신이 이해하지 못했던 것을 이해하게 된다. 이런 대리 통찰은 더 깊은 심리 이해에 적절한 방법이다.

이 점을 일반 진술로 확장해 보자. 우리는, 일단 우리의 고통을 이해하려는 데 시간을 내지 않는 사람이 우리 행위를 분석하는 것에서 그다지 깊은 감명을 받지 않는다. 나를 제대로 알지도 못하고 내 상황을 이해하려 애쓰지 않는 사람의 이야기에 귀를 기울일 이유가 없다. 나는 하루 종일이라도 사람들의 자기중심적 성향을 지적할 수 있지만, 아마도 별 효과는 없을 것이다. 그러나 내가 그 사람들의 이야기를 들어 주고, 그들의 억압된 두려움과 불안감에서 자아에 몰두하는 성향이 비롯되었을지도 모른다고 이야기해 준다면, 내 이야기를 들을 의향이 생길지도 모른다. 내가 그들의 자기중심적 행위를 지적한 내용이 아무리 옳다 하더라도, 문제 해결에는 아무런 도움이 되지 않았다. 더 근본적인 원인을 찾아야 했다. 사람들과 대화하기보다는 멀찍이 떨어져 훈계조로 설교하기는 쉬운 일이다. 그들이 자기중심적인 나르시시스트들이라고 말해 줄수록, 더 깊은 나르시시스트적 분노만 충동질할 뿐이다.

다시 한 번 이야기하지만, 예언자처럼 지적하려면 상대방에 대한 관심이 선행되어야 한다. 예수님이 사람들을 비판하실 때 자비와 친절과 온유를 베푸시는 분으로서 확고한 명성이 없었다면, 사람들은 그분의 말씀을 곧이듣지 않았을 것이다. 예수님이 사사건건 '사람들에게 정도(正道)를 알려 주면서' 그들의 위선을 지적하는 순회설교자에 불과했다면, 남을 섬기고 돌보는 제자들을 배출하지 못했을 것이다. 사람들을 야단치기는 쉽다. 남을 나무라면 스스로는 매우 의롭고 강하고 뭐든 할 수 있는 것처럼 생각된다. 그러나 온유한 영혼이 깃들지 않은 강력한 말은 아무 의미가 없다.

겉으로 보기에 꽤 오만하고 거만한 사람들에게 사랑으로 행동하려 할 때, 그런 외양의 이면에 자리한 상처받은 자아를 묘사한 코헛을 기억하면 도움이 될 것이다. 우쭐한 모습 밑에 숨은 불안한 영혼에 귀를 기울일 수 있다면, 그런 사람들에게 더욱 민감하게 반응할 수 있을지도 모른다. 물론 쉬운 일은 아니겠지만 말이다! 많은 사람들이 방어적인 자만을 여러 겹 두르고 있다. 솔직히 말해서, 때로 그들은 은혜 이전에 '율법'을 들을 필요가 있다. 그러나 그들의 과대성과 자기 찬양, 명백한 오만을 반복해서 지적하기만 한다면, 그들은 더욱 자기를 부정하고 거짓 자만으로 빠져들지도 모른다. 오만한 사람들을 사랑하는 것은 크나큰 도전이기에, 하나님의 은혜라는 도움이 정기적으로 필요하다.

겸손한 자기 확신

겸손이라는 단어에는 부정적인 함의가 있다. 내가 겸손이라고 할 때는 자신을 경멸하는 태도, 즉 열등감이나 자기를 비하하는 성향을 말하는 것이 아니다. 나의 견해로는, 이런 행위들은 대부분 사람들로 하여금 스스로 겸손하다고 생각하게 해주지만 실제로는 겸손과 전혀 상관이 없는 외적 과시에 불과하다. 오랜 세월, 사람들은 낮은 자존감과 교만을 혼동해 왔다.

오히려 겸손은 자신의 은사와 능력, 긍정적인 자질을 놓치지 않으면서도 자신의 한계와 잘못, 내면의 고민을 깊이 인식하는 데서 비롯된다. 겸손은 본인의 인간성을 그 이상으로도, 그 이하로도 보지 않고, 기쁘게 인정한다. 겸손은 내가 최고라고 으스대지도 않지만, 내가 최악이라는 생각도 달가워하지 않는다. 사실, 내가 세상에서 가장 형편없는 사람이라고 주장하기 시작할 때는 교만의 이면을 경험하는 것이나 마찬가지다. 다시 말해서, 나는 스스로를 어두운 측면의 챔피언으로 간주한다. 나 같은 사람에게 은혜를 베푸시려면 하나님이 시간 외 근무를 하셔야 할 것으로 생각한다. 그러나 다른 사람들과 속을 터놓고 이야기를 하면 할수록, 나 정도로 악한 사람은 흔하다는 것을 깨닫게 된다. 모든 인간의 내면에는 선과 악이 공존한다는 진리를 깨닫기 시작한다. 나는 아마도 옆집 사람보다 더 선하지도, 더 악하지도 않은 사람일 것이다. 나는 하나님의 은혜로 내 앞에 펼쳐진 여정을 따라가는 중이다. 나의 자기 확신의 근거는 다른 사람들의 용납과 지지와 사랑이다. 하나님이 주신 은사와 잠재력을 계발한다는 것이 때로 자기중심주의로 흘러갈 수도 있다. 또 다른 경우에는, 스스로를 너무 혐오한 나머지, 그런 사실이 오만의 근거가 될 수 있다. 내가 남들보다 훨씬 더 잘나야 한다고 여기거나 나도 남들과 별 다를 바 없다는 사실을 발견하고 깜짝 놀라는 식으로 말이다. 겸손할 때는 내가 사랑받고 있으니 만사가 문제없다는 확신을 가지고 자유로이 살아간다. 그런데 겸손이 사그라지면, 내 실적에 따라 모든 것이 결정되며, 그것이 내 가치와 다른 사람의 수용 여부를 좌우한다고 믿는다.

진정한 겸손과 자기 확신은 원수지간이 아니라 친구 사이다. 자기 확신과 어울리지 않는 것은 오히려 오만이다. 오만과 자기 확신은 양립할 수 없다. 앞에서 설명했듯이, 오만은 거짓 자아와 연결되어 있는데, 이 거짓 자아는 전혀 해당 사항이 없는 권리를 주장한다. 반대로, 자기 확신은 자기 장점은 물론 단점까지 속속들이 아는 지식에서 비롯된다. 자기 확신은 비현실적인 자아상을 그리고, 거기에 반하는 것은 모두 억압하는 데 힘을 낭비하지 않는다. 자기 확신은 마음껏 삶에 투자하고, 잠재력을 계발하며, 이 모든 능력의 근원 되신 하나님께 감사한다. 자기 확신은 우리가 이 흥미진진한 세상에서 잠재력을 발휘하여 인간의 존엄성을 증진하고, 서로 도우며, 사랑이 가득한 세상을 만들기 위해 초대받았다는 사실을 잘 안다. 겸손은 그 근원이신 하나님과 연결된다. 겸손은 자기 용납과 자기 확신을 스스로 터득한 척하지 않는다. 오히려, 하나님이 우리를 용납하셨기에 우리도 스스로를 용납할 수 있다는 사실을 잘 알고 있다. 우리는 자기 힘을 과시하고, 어떻게 스스로를 온전히 용납하게 되었는지 자랑할 필요가 없다. 그저, 조건 없이 우리를 받아주시는 유일한 그분, 하나님께 미소를 지어 보일 뿐이다.

또한 자신감 있는 겸손은 다른 사람의 은사와 공로를 인정하고 감사하며 격려할 줄 안다. 불안정한 오만은 위협을 느끼고 남의 능력을 심하게 질투하지만, 겸손은 다른 사람의 능력을 동반자의 은사로 향유할 줄 안다. 자신감 있는 겸손은 다른 사람의 재능을 헐뜯고 비난하며 깎아내릴 필요가 없다. 간단히 말해서, 겸손한 사람은 남을 칭찬하기를 두려워하지 않는다. 그러나 불안정한 오만은 다른 사람을 지지하는 데 매우 인색하며, 지지한다 해도 마지못해 할 때가 많다. 내가 오만할 때는 다른 사람의 능력을 나의 능력에 대한 공격으로 본다. 다시 말해서, 다른 사람들의 업적이 나의 부족함에 대한 증거라고 말하면서 그들의 업적을 나에 대한 인신공격으로 치부한다. 다른 사람의 공로에 초점을 맞추지 않고, 내 부족한 점만 되새긴다. 자기 결점을 대면하는 것이 너무 고통스럽기에, 차라리 남의 공로에 흠집을 내는 편이 훨씬 더 쉽다. 사람들의 공로를 축소함으로써 내 결점을 무마해 보려는 심산이다. 소크라테스는 질투는 교만의 딸이라고 한 말로 유명한데, 그런 지독한 질투심을 유발하는 교만은 얄팍하고 불안정한 오만에 불과하다. 다른 사람을 깎아내려야 하기에, 무대 중앙을 차지하지 못한 데 분노해서, 열등감을 느끼기에, 질투가 촉발된다. 질투는 최고가 되려는 집착이 강한 나머지 남의 가치를 깎아내리는 것이다.

자신감 있는 겸손은 주기적으로 다른 사람을 지지하고 그들의 가치를 인정해 준다. 그렇게 하면 자신이 부족하다는 사실을 깨달을까 봐 두려워하지 않는다. 순수한 의도로 다른 사람을 칭찬하기가 너무 힘겨운 사람들이 있다는 사실이 얼마나 안타까운지 모르겠다. 교수들이 대단한 연구 실적을 올리고도 동료들에게 칭찬 한마디 듣지 못하는 모습을 보면서 몹시 놀랄 때가 많다. 다른 사람을 지지하는 게 그들에게는 몹시 고통스러운 일이라도 되는 모양이다. 자신감 있는 겸손은 남의 능력에 박수를 보내는 데 아무런 문제를 느끼지 못한다. 모든 사람의 고유성을 인정하고, 경쟁하며 싸우려는 악의가 없다. 자신감 있는 겸손은 거짓으로 혹은 겉치레로 남을 지지하는 법이 없으며, 오히려 타인으로 하여금 인정받고 있음을 깨닫게 해준다.

마지막으로, 자신감 있는 겸손은 손쉽게 기분이 좋아지는 방법에 근거를 두지 않는다. 나는 다음과 같은 앨런 맥기니스(Alan McGinnis)의 말에 전적으로 동의한다.

수많은 자극적인 강사들이 하듯이, 나는 무조건 낙천적인 조언을 해주거나 무책임한 생각을 부추기고 싶지 않다. 그런 강사들은 모든 사람은 훌륭하고, 무한한 가능성이 있다고 말한다. 자기 자신을 믿기만 하면 못할 일이 없다고 한다. 그러나 우리는 결코 모든 면에서 완벽하지 못하며, 특정한 제한 없이는 작동하지 못하는 존재다. 또 그저 자신이 전능한 존재라고 믿는다고 해서 정말 그렇게 되는 것도 아니다.[19]

대부분의 속성 자존감 회복 프로그램의 성공률은 최신 다이어트 요법과 비슷한 수준이다. 그런 프로그램들은 될 성싶지도 않은 약속을 남발한다.

그러나 기독교 전통에는 건강한 자아상을 지원해 주는 훌륭한 자원이 많다. 각 사람의 비교할 수 없는 고유성, 하나님의 무조건적인 사랑, 우리 각자의 삶이 인격적인 의미를 가질 수 있다는 신념, 우리는 더 나은 세상을 만드는 데 공헌할 수 있다는 개념 등은 모두 스스로를 가치 있게 보아야 할 훌륭한 근거들이다. 그러나 자신을 존중하는 능력에서 가장 획기적인 요소는 사랑을 주고받는 능력이다. 바울의 말은 우리가 날마다 되새겨야 할 중요한 메시지를 담고 있다.

내가 사람의 방언과 천사의 말을 할지라도 사랑이 없으면 소리 나는 구리와 울리는 꽹과리가 되고, 내가 예언하는 능력이 있어 모든 비밀과 모든 지식을 알고 또 산을 옮길 만한 모든 믿음이 있을지라도 사랑이 없으면 내가 아무것도 아니요, 내가 내게 있는 모든 것으로 구제하고 또 내 몸을 불사르게 내줄지라도 사랑이 없으면 내게 아무 유익이 없느니라(고전 13:1-3).

우리는 미친 듯이 찾아 헤맨 끝에 자기 확신을 갖는 게 아니라, 자신을 사랑의 섬김에 내던짐으로써 확신을 얻는다. 자기 자신을 진정으로 존중하지 않는 사람은 자신을 사랑하기 어렵다. 받은 은사를 가지고 사랑으로 섬기는 것만큼 커다란 만족을 가져다주는 일은 없다. 이렇게 섬기는 방법은 사람마다 독특하고 다를 것이다. 때로 그 일은 그저 사소하고, 멜로드라마에 등장할 법한 극적인 사건도 아닐지 모른다. 그러나 프레드릭 뷰크너(Frederick Buechner)가 잘 표현했듯이, "하나님이 당신을 부르시는 자리는 당신의 깊은 기쁨과 세상의 깊은 굶주림이 만나는 곳이다."[20)]

4장

반응하는 비판과
반발하는 비판주의

살면서 날마다 만나는 가장 큰 도전거리가 있다면, 그것은 바로 **반발하지 않고 반응하는** 법을 배우는 것이리라. 내가 반발할 때는 은혜 가운데 내 중심에서부터 움직이는 것이라기보다 오히려 외부 요인이 내 행위를 지배하도록 내버려두는 경우가 많다. 대부분의 경우, 나는 비판적일 때 반발한다.

대개 비판주의는 **반응하기보다는 반발한다**. 비판주의는 대부분 외부 요인에 좌우될 때가 많다. 비판주의적 태도를 지닌 사람은 싸우는 대상에 의해 좌우된다. 외부의 적이 우리의 논제를 통제한다. 우리는 그들을 그냥 내버려두지 못한다. 우리가 그들을 맹비난해야만 하는 그것으로 그들은 우리의 사고를 통제한다. 우리는 지지하는 것보다는 **반대하는** 것에 대해 이야기하는 능력이 출중하다. 우리는 괴롭힘을 당한다고 느낄지도 모른다. 그런데 이런 병적인 방어는 무언가에 대한 또 다른 힐책을 낳을 뿐이다. 우리는 어쨌거나 비판해야만 한다. 그러니 우리 관점을 먼저 이야기하거나 나누거나 제시하기가 힘들다. 우리 자신과 달라 보이는 것은 무엇이건 일단 정복해야 한다!

반발의 뿌리

인지 치료사 애런 벡(Aaron Beck)은 사람들이 반발하는 이유에 대한 통찰을 제시한다.[1] 인지 심리학자인 벡은 왜곡된 사고가 정서 불안을 불러온다고 믿는다. 다시 말해서, 과장되고 비합리적으로 생각하는 성향 때문에 인간은 불필요한 정서적 고통을 겪는다는 것이다. 인간의 감정은 사고를 따르게 되어 있으므로, 감정을 치유하려면 그 감정의 근원이 되는 사고 과정을 살펴보아야 한다. 왜곡된 사고는 불안정한 감정을 낳고, 이 불안정한 감정 때문에 반발적인 태도를 갖게 된다. 이 말은 감정이 나쁘다는 뜻이 아니라, 감정은 선행된 해석 행위의 결과임을 제시하려는 것이다.

벡에 의하면, 사람들은 위협당한다고 느끼면 '원시적인' 사고방식으로 후퇴하는 경향이 있다. 벡은 선사 시대 인류에게는 상황을 재빨리 판단하여 순간적으로 대처하는 게 중요했다고 본다. 그래야 살아남을 수 있었기 때문이다. 당시에는 어떤 사람이 친구인지 적인지를 빨리 판단해야 했다. 그래서 머리가 빨리 돌아가는 사람이 살아남았다. 생각이 느리고 계산이 치밀한 사람은 살아남지 못하는 경우가 많았다. 그런 세계에서는 적과 나를 구별하는 사고에서 비롯된 신속한 판단이 결정적이었다. 신체적인 위협을 당할 때는 이런 유형의 사고가 필수적이었다.

그러나 인간이 이런 생존 방식을 **너무 잘** 터득했다는 것이 문제다. 다시 말해서, 사람들은 신변의 위협을 받지 않는 상황에서도 쉽게 이런 사고방식을 택했다. 실제로, 우리가 정서적으로 또는 신체적으로 위협을 당한다고 느낄 때는 이런 원시적 사고방식으로 되돌아가기 쉽다. 그런데 이런 심리적 위협은 본질이 완전히 다르다는 데 문제가 있다. **실제로는** 전혀 위험한 상황이 아닌데도, 마음에서 자동적으로 공격 준비를 하는 것이다. 대뇌 신피질이 관장하는 인간의 고차적 사고(higher-level thinking)는 다른 사람과의 갈등이나 차이점에 부딪힐 때 다양한 선택안을 고려하고 창의적으로 생각할 수 있게 해주는 매우 중요한 기능이다. 그러나 원시적 사고는 이런 고차적 사고의 가능성을 차단해 버린다.

또한 반발성 사고는 매우 자기중심적이다. 다시 말해서, 위협을 느끼는 사람들은 자기 자신과 자신의 안전에만 집착하기 쉽다. 자기 보존은 중요한 일이지만, 위협에 맞닥뜨린 사람들은 자기에게 미치는 영향에만 정신을 판다. 모든 상황을 신속하게, 자기 위주로 평가한다. 부풀려진 생각은 부풀려진 염려를 낳고, 부풀려진 염려는 반발하는 비판주의를 낳는다. 우리는 지극히 편향된 시각을 갖게 된다. 내가 옳고, 상대방은 악하다. 내가 피해자이고, 상대방은 가해자다. 나는 100퍼센트 무죄이고, 상대방은 100퍼센트 유죄다. 상대방이 나를 공격하려 하기 때문에 나는 원수를 반드시 공격해야만 한다.

표 4.1에서는 반응과 반발의 기본 차이점을 요약해 보았다. 이 표를 보면서 자신의 행동을 진단해 보기 바란다. 당신이 나와 비슷하다면, 당신도 의외로 반발로 맞서는 경우가 많다는 사실을 발견할 것이다.

표 4.1. 반응 대 반발

반응	반발
반응은 중심을 잡은 자아(a centered self)에서 비롯된다.	반발은 자기중심성(being self-centered)에서 비롯된다.
반응은 다른 사람의 바운더리를 존중해 준다.	반발은 다른 사람의 삶을 통제하려 한다.
반응은 사고와 감정을 구별할 줄 안다.	반발은 사고와 감정을 뭉뚱그린다.
반응은 의도적인 숙고에서 나온다.	반발은 무분별한 충동에서 나온다.
반응은 감정에 지배되지 않는 신중한 정신에서 비롯된다.	반발은 감정에 지배된 부주의한 동기에서 비롯된다.
반응은 내면의 결정에서 나온 결과다.	반발은 외부의 자극과 내면의 충동에서 나온 결과다.
반응은 자신감 있는 확신의 결과다.	반발은 불안하고 위협받는 신념의 결과다.
반응은 대안적인 견해의 존재를 인정한다.	반발은 모든 견해들이 자신과 같다고 우긴다.
반응은 다른 사람이 그렇게 행동하는 정황을 살핀다.	반발은 한 가지 행위로 그 사람 전체를 규정한다.

　반응하는 사람은 중심을 인식하면서 말하고 행동한다. 내면의 선택의 결과로 어떤 행동을 취할 것이다. 남의 말이 내 화를 '돋우고' 나를 '폭발시켜서' 행동을 저지르는 것이 아니라, 내 의지대로 움직이고 내 행동에 충분히 책임을 질 것이다. 그러나 반발하는 사람은 최후 결정권을 손에 넣고, 내가 옳다고 남을 나무라거나 설득시키려고 혈안이 된다.

　반응하는 사람은 자기 목소리를 내고 제안을 하고 경험을 나눌 때에도 상대방의 바운더리를 존중할 줄 안다. 상대방의 삶을 조종할 사람은 내가 아니라는 사실을 계속해서 상기할 것이다. 그러나 반발하는 사람은 그런 바운더리를 존중하지 않는다. 상대를 조종하고, 장악하며, 내 관점을 강요하려고 애쓴다.

반응하는 사람은 자기 감정을 잘 파악하면서도 그 감정이 반응에 드러나지 않도록 주의할 줄 안다. 본인의 감정을 부인하지 않지만, 그 감정에 휘둘리지도 않는다. 반응은 신중하고 자발적이다. 반면에, 반발하는 사람은 격한 감정이 화를 불러 자제력을 잃고 만다. 그럴 때는 자신이 반응하고자 하는 방법과 자기 감정을 구별하지 못하는 것 같다. 사람들은 감정적으로 생각한다. 감정에 휘둘려 생각 없이 행동한다. 이런 행위는 자기 의사와는 별 상관이 없으며, 과장된 경우가 많다.

반응하는 사람의 행위는 내면의 결단과 확신에서 비롯된다. 반응하는 사람은 외부 요인에 좌지우지되어 결정을 내리지 않는다. 일단 멈춰서 심사숙고한다. 반사적인 반발은 거부한다. 반대로, 반발은 외부의 스트레스와 압력에 기인한다. 본인은 어쩔 수 없이 공격할 수밖에 없는 상황이라고 여긴다. 그러나 실제로는 매우 불안한 태도와 신념에서 비롯된 행위에 불과하다.

반응하는 사람은, 다양한 견해가 존재하며 문제 해결에는 한 가지 이상의 방법이 있다는 사실을 잘 안다. 여러 대안적인 관점을 두려워하지 않는다. 또한 다른 사람의 삶의 정황을 유심히 살피게 된다. 그러나 반발적일 때는 남들도 나와 똑같이 생각하고 만사가 내 방식대로 되어야 한다고 억지를 부린다. 상대방의 한 가지 결정이나 행위만으로 그 사람 전체를 판단하기도 한다.

책임감 있는 자기 주장 대 반발성 공격

무분별한 비판주의를 줄이려면, 반발 수준을 조절하는 게 필수다. 또 반발보다는 반응할 줄 아는 능력을 향상시키기 위해서 본인의 분노 유형을 파악해야 한다.

많은 사람들이 분노라는 감정을 불편하게 여긴다. 분노는 추악한 감정이라고 생각한다. 분노하면 좋지 않은 일이 벌어지는 것을 많이 보았기에, 그런 자리는 피하려고 한다. 그런데 이는 분노라는 **감정**과 공격적인 **행위**를 혼동하기 때문이다. 그렇기 때문에 사람들은 분노를 부정적인 감정으로 보고, 분노를 피해야 한다고 생각하게 된 것이다. 사람들은 분노를 억누르고, 화를 부인하며, 좌절감을 애써 감춘다.

또 화를 내면 다른 사람들이 우리를 거부하고 멀리할 거라고 생각하는 것 같다. 안정적인 생활이 너무나 중요하기 때문에, 사람들은 분노라는 끈질긴 감정을 솔직히 털어놓는 위험을 감수하려 하지 않는다. 평화로운 분위기를 깨지 않으려고 거짓이라는 대가를 치른다. 그러는 사이 그들은 아주 유순한 동네북 신세가 되어, 늘 남의 환심을 사고 맞장구를 쳐주어야 한다는 안팎의 압력을 받게 된다. 이런 상황이 계속되면 갈등공포증으로 발전한다. 우리 자신이 남과 다른 점은 매우 위협적인 요소다. 그래서 우리는 진실성을 희생하면서까지 관계를 깨지 않으려고 안간힘을 쓴다. 다른 사람과 조화로운 관계를 유지하려는 목적이 우상이 되어 버린다. 이런 사람들은 '늘 유쾌한 친구', '참을성 많은 교수', '절대 화를 내지 않는 천사표'라는 명성을 얻을지도 모른다. 그러나 이들은 관심과 거짓 위로, 겸손과 자기 비난, 믿을 만한 사람과 악용당하는 사람, 온순한 사람과 쉽게 넘어가는 사람을 구분하지 못하는 것일 수도 있다. 자기 인정이 부족한 사람은 다른 사람의 인정에 혈안이 될 수밖에 없고, 그런 사람의 자존감은 전적으로 다른 사람의 손에 달려 있다.

또 내가 나의 분노를 불편하게 생각하면, 다른 사람의 분노도 우습게 여기고, 축소해서 생각하고, 피하게 될 수도 있다는 사실을 주기적으로 상기해야 한다. 내가 스스로 속이고 마음속 분노를 인정하지 않는다면, 다른 사람들과도 전혀 화를 내지 않고 그저 마냥 좋기만 한 가짜 관계를 맺게 될 것이다. 분노를 절대 표현해서는 안 된다거나, 어느 한쪽이 화를 내면 관계를 망친다는 생각을 간접적으로 전달하게 될 수도 있다.

그러나 분노를 영원히 무시하기란 불가능에 가까운 일이다. 아마도 대부분의 사람들은 분노를 속으로만 삭이다가 언젠가는 결국 터뜨리고 말 것이다. 그러기까지 감정이 오랫동안 축적된 상태이기에 대개는 분노가 과장되어 폭발한다. 과정상의 비약이 심하다 보니 강력한 자기 주장은 뛰어넘고 곧바로 공격성을 분출한다. 상황이 발생했을 때 바로 문제를 제기하지 않았기에, 남몰래 쌓아 둔 감정이 순식간에 터진다. 모아 둔 분노가 한꺼번에 쏟아진다. 그동안은 계속 좋은 게 좋은 거라는 식으로 무마해 왔지만, 이제는 응분의 계산을 할 때가 왔다고 생각하는 것이다. 그런데 안타깝게도, 분노를 폭발시키고 나서는 죄책감과 당황스러움에 어쩔 줄 몰라 하며, 다시는 쉽게 화를 내서는 안 되겠다는 결심만 반복할 따름이다. 이렇게 해서 또다시 수동 공격성을 취하고, 다음 번 폭발 때까지 자신의 분노를 억누르게 된다. 우리는 어떻게든 분노를 피하려고 안간힘을 쓰지만, 어쩔 수 없이 분노가 자라 우리 안에 잠복해 있다.

다른 사람에게서 모욕을 당하고도 아무 일 없었다는 듯이 침묵한 때가 몇 번이나 되는지 생각해 보라. 어느 여학생은 수업 시간에 다른 학생들이 하는 기독교에 대한 좋지 않은 이야기들과, '종교광'이니 '편협한 신앙인' 같은 부정적인 말들을 꾹 참고 들어오다가 어느 날 폭발하고 말았다. 이 여학생의 입에서 '쥐뿔도 모르는 고집쟁이 멍청이 이교도'라는 말이 불쑥 튀어나왔다고 한다. 여학생과 나, 우리 두 사람은 이 말이 적절치 못한 표현이었다는 데 동의하면서도, 이 여학생이 자기 주장을 제대로 하지 못했기에 이런 문제가 발생했다는 데 의견을 같이했다. 많은 경우, 다른 학생들의 신념에 증거를 제시해 달라고 하거나 단순히 자기 경험은 달랐다고 언급하기만 했어도 이야기가 달라졌을 것이다. 건전한 신앙이 왜곡된 경우가 많지만, 그것이 전부는 아니라는 사실을 이 여학생은 깨달았어야 했다. 종교만 편협한 게 아니라고 말할 수도 있었을 것이다. 그러나

이 학생은 용기가 부족했고, 좋은 분위기를 깨고 싶지 않았다. 그런데 그놈의 좋은 분위기가 이 학생의 발목을 붙잡았다. 그녀의 비난을 뒤집어쓴 학생은 이 경우를 예로 들어 종교적인 사람들이 사실은 얼마나 적대적인지 떠들어 대기 시작했다. 그 학생은 자신의 적대적인 태도가 이 여학생을 자극하여 그런 반발을 유도했다는 사실을 전혀 알지 못했다.

반발을 줄이고 사랑 안에서 진리를 말하려면, 자신의 분노를 파악하고 표현하는 법을 배워야 한다. 폭발적인 분노와 반발적인 성향은 밀접한 연관이 있다. 이런 성향은 오랜 시간에 걸쳐 형성된 것이므로, 본인의 분노 패턴을 참을성 있게 다룰 줄 알아야 한다. 그것은 쉽게 변하지 않기에 얼마간의 노력이 뒤따른다. 부모나 형제자매를 비롯하여 가족 가운데 형성된 분노 성향을 잘 살피는 것이 중요한데, 우리가 아직도 이 패턴을 모방하고 있거나 혹은 아주 반대 극단으로 치달아서 정반대의 행동을 하고 있을 수가 있기 때문이다. 어느 경우가 되었건, 우리가 자유의사로 선택하지 않은 성향에 영향을 받는 것이다. 우리는 부모님의 갈등 문제를 우리의 갈등 문제로부터 분리해 내야 한다. 이것은 은유적으로는, 부모님이 해결하지 못한 분노의 문제를 부모님께 다시 돌려 드리는 것과 연관되어 있을 것이다. 그 문제는 부모님의 문제이지 우리 문제가 아니기 때문이다. 일례로, 우리 중에는 부모님이 인식하지 못하여 해결하지 못한 분노의 문제를 오랫동안 떠안고 있다는 것을 깨달은 사람들이 있을 것이다.

분노라는 감정을 수치스럽게 여기거나 비판하는 태도는 문제를 제대로 다루는 데 도움이 되지 않는다. 분노는 자연스럽고 불가피한 현상이며, 그 자체로는 문제가 없다는 사고를 충분히 내재화해야 한다. 화낼 줄 모르는 사람은 인간에게 가장 중요한 요소를 놓치고 있는 셈이다. 분노를 피할 수 없다는 사실을 잘 안다면, 초기 단계에서부터 분노를 간파하여 건설적으로 다루는 방법을 모색할 수 있다. 분노가 눈덩이처럼 불어나도록 방치해서는 안 된다. 그렇지 않으면 반드시 반발이 뒤따를 것이다.

분노가 생길 때 나를 펄쩍 뛰게 만든 다른 사람을 비난하기보다 그것을 나의 **감정**으로 볼 줄 안다면, 반발은 줄어들 것이다. 다른 사람의 행위가 분노의 원인을 제공할 수는 있겠지만, 화를 내는 주체도, 분노를 어떻게 다룰지 선택할 수 있는 사람도 나 자신이다. 그러므로 내가 어떤 경우에 화를 잘 내는지(어떤 특정한 상대나 상황, 행동, 태도에 더 흥분하는 경향이 있는지), 분노를 해결할 때 통하지 않는 방법은 무엇인지, 분노를 다룰 대안 전략으로는 무엇이 있는지를 잘 알아 볼 일이다. 믿을 만한 친구들에게 고민을 나누는 것도 도움이 된다. 그런 문제들을 인식하고, 우리가 어떻게 반응하는지는 전적으로 우리 책임임을 주기적으로 상기한다면, 덜 반발적인 사람이 될 것이다.

당신이 시험용으로 던진 미끼를 내가 물었다고 해도, 당신 때문에 내가 화가 났다고 보기는 힘들다. 물론, 미끼로 유혹한 책임은 당신에게 있다. 하지만 의식적이든 무의식적이든 미끼를 물기로 선택한 사람은 나다. 그러므로 내가 책임을

져야 한다. 상대방이 던지는 대로 계속해서 미끼를 잡아 무는 사람은 과거의 경험에서 배우려는 마음이 없거나 미끼를 물어서 어떤 이득을 얻고 있는 셈이다.[2]

뿐만 아니라, 자신의 감정을 부정하지 않으면서도 우리가 상황에 과잉 대응하고 있지는 않은지 스스로에게 묻는 것이 중요하다. 어떤 사건이나 행위를 양자택일의 관점에서, 혹은 부풀리거나 과장해서 해석하고 있지는 않은가? 만약 그렇다면, 그것은 우리의 두려움과 불안감에 대해 무엇을 암시해 주는가? 자기 감정을 부인하지 않으면서도 '자기 상태를 확인하는' 습관은 매우 중요하다. 자신을 더 많이 알수록, 우리가 택할 수 있는 대안이 많아진다. 반발은 가능한 대안을 살펴보지도 않고, 무작정 공격해야 한다고 느끼는 것이다. 그러나 의도적으로 멈춘다면 긴박한 상황에서 잠시 벗어나 휴식 시간이 필요하다는 점을 이해하게 된다. 사람은 누구나 어떤 시점을 지나면 분노를 건설적으로 표현하는 데 한계가 있다. 대립을 잠시 미룬다고 해서 반드시 분노를 부인하는 것은 아니다.

우리가 어떤 문제를 가지고 사람들에게 접근한다면, **대립**이라는 단어는 버려야 한다. "이 문제 때문에 당신과 대립해야겠습니다"라는 말로 대화를 시작한다면, 공격을 당한다고 느끼는 상대방은 즉시 방어 태세에 돌입할 것이다. 대부분의 사람들은 대립이라는 단어에 방어적인 태도를 취한다. 그러므로 "몇 가지 문제를 언급하고 싶습니다", "당신의 생각과 느낌을 듣고 싶습니다"라는 표현이 더 적절할 것이다. 데이비드 옥스버거는 이런 종류의 정직한 관계를 설명하기 위해 배려의 직면(care-frontation)이라는 신조어를 만들어 냈다.

배려의 직면은 독특한 관점으로 갈등을 다룬다. 갈등은 자연스럽고, 정상적이며, 중립적이고, 때로는 유쾌하기까지 하다는 것이다. 갈등은 고통스럽고 끔찍한 결과를 낳을 수도 있지만, 반드시 그럴 필요는 없다. 갈등은 좋지도 나쁘지도 않고, 옳지도 그르지도 않다. 갈등은 그저 갈등일 뿐이다. 상대방과의 차이점을 어떻게 바라보고 접근하고 해결해 나갈 것인지가 주로 인생의 전반적인 패턴을 결정한다.[3]

욕설, 좋지 않은 꼬리표를 붙이는 일, 기타 인신공격은 이런 접근법에서 제외된다. 폭력으로 협박하지도 않는다. 또 "너는 매일같이 지각이야", "너는 게으르고, 멍청하고, 무책임하고, 부도덕해" 같은 일반화를 피하기 위해 애쓴다. '절대로', '매일', '완전히', '죄다', '전적으로' 같은 단어들은 대인관계에 평화를 가져오는 말들이 아니다. 다른 사람의 마음을 읽으려고 애쓰는 일도 피해야 한다. 남의 마음을 읽겠다고 나섰다가 어마어마한 반발을 불러올 수 있기 때문이다. 게다가, 상대방은 우리 생각과 전혀 다른 생각을 하고 있을 가능성이 높다.

자기 주장을 강하게 할 때 처음에 느낄지도 모르는 불편함은 감수할 가치가 있다. 이런 자기 주장은 다른 사람에 대한 배려를 제거하는 것이 아니라 오히려 촉진한다. 다른 사람에 대한 배려에 진짜 위협이 되는 것은 분노를 부인하는 수동성—결국에는 터지고 만다—이다. 정직이 아니라 공격성이 쌓이면 관계에 더 큰 해를 입힌다. 분노는 대인관계의 평화를 파괴하는 무시무시한 괴물이다. 분노는 해묵은 감정과 문제, 경험을 솔직하게 드러내 놓지 않고 끊임없이 재탕한다. 분노는 현재를 살지 못하게 하고 우리를 과거에 묶어 놓는다. 우리가 가해자라고 생각하는 적의 모습을 끊임없이 내면에 그리다가 폭발하고 만다. 분노는 형식적인 예의와 짝을 이룰 때가 많다. 분노는 상대방이 한 일을 잊어버리고 본인의 선택과 만족을 향해 나가도록 돕기보다는 그 일에 매몰되게 만든다.

우리는 또한 다른 사람의 행위에 책임을 느낀다는 이유로 거기에 과잉 반응할 때가 많다. 자신의 의무감을 지나치게 확장하는 것은 좌절과 염려의 주요 요인이 된다. 또 우리가 다른 사람을 통제할 수 있다는 잘못된 신념을 낳기 쉽다. 이런 신념이 생기면 우리가 변화시킬 수 있는 것은 무시하면서 우리가 통제할 수 없는 것을 바꾸려고 기도하고 애쓰게 된다. 그런가 하면 때로는 자기 일만 신경 쓰지 않고 오지랖 넓게 남의 일에 개입하다가 다른 사람을 향한 반발이 일어나는 경우도 있다.

그러니까 문제는 화를 낼 것이냐, 화를 내지 않을 것이냐의 선택이 아니다. 분노가 생길 때 어떻게 처리할 것인지를 택해야 한다. 대부분의 반발은 우리가 수치스럽게 여기는 분노를 오랫동안 억압하는 데서 비롯된다. 분노가 쌓이면 반발이라는 방법으로 폭발한다. 그러므로 그리 어렵지 않게 손쓸 수 있는 초기 단계에서부터 분노를 인식하고 수용하는 데 숙달되는 것이 좋다.

비판적인 반발은 줄이고 반응을 늘이는 훈련은 우리가 결코 '도달'할 수 없는 지속적인 과제다. 그러나 하나님이 주시는 끊임없는 은혜로 관계가 변화된다면, 우리는 마음껏 경청하고 배려하고 반응할 수 있다. 데이비드 옥스버거는 이렇게 기록한다.

대립하기 전에 배려하는 분위기를 조성해야 한다. 비판하기 전에 상대방을 지지하는 마음을 보여야 한다. 평가하기 전에 상대방에 공감해 주어야 한다. 충고하기 전에 신뢰의 기초를 놓아야 한다. 확실한 자기 주장 이전에 긍정의 바탕을 잘 닦아 주어야 한다. 이해의 선물은 다른 의견을 제시할 수 있는 길을 열어 준다. 사랑을 인식하면 서로 얼마든지 대등해질 수 있다. 배려와 지지, 공감과 신뢰, 긍정과 이해와 사랑을 통해 다른 사람들과 연대하면, 대립과 비판, 평가, 조언, 자기 주장, 견해차 등 더 강력한 행동의 토대를 놓아 주므로 서로 대등하게 이야기할 수 있는 분위기를 마련할 수 있다.[4]

5장

죄책의 비판과
수치심의 비판주의

비판주의는 건전하지 못한 수치심과 연결되어 있을 때가 많다. 내가 말하는 건전하지 못한 수치심이란, 당혹감을 느끼거나 남의 권리를 침해했다고 깨닫는 것과는 다른 종류의 경험이다. 영화관 매표소 앞에서 새치기를 했다면, 나로서는 건전한 수치심을 느끼는 것이 당연하다. 다른 사람의 권리는 물론, 내 한계를 무시한 처사이기 때문이다. 또 아주 당혹스러운 일을 저질렀다면, 일시적으로 수치심을 갖는 것이 옳다. 이런 수치심은, 빈틈을 보이거나 바보처럼 보이는 식으로, 갑작스레 탄로가 나는 지나가는 감정이다. 그러나 건전하지 못한 수치심은 나는 모자라고 쓸모없는 인간이라는 뿌리 깊은 확신이다. 자기를 비난하는 이런 수치심은 과장이 심하고 파괴적이다. 이런 종류의 수치심은 행위를 고치는 것이 목적이 아니라, 스스로 조롱하고 정죄하는 것이다.

수치심은 두 가지 방식으로 비판주의와 연관되어 있다. 첫째로, 비판주의를 당하는 입장에 있는 사람은 수치심의 희생양으로 전락하기 쉽다. 둘째로, 비판주의를 보이는 입장에 있는 사람은 남에게 수치심을 안겨 줌으로써 자신의 수치심을 애써 은폐하려는 경향이 많다. 수치심은 은혜는 믿지 않고 정죄만 믿는다. 그러나 수치심은 단순히 심리적인 문제가 아니라,

신학적인 문제가 될 수도 있다. 우리가 과도하게 수치스럽고 비판적인 자아상을 지니고 있다면, 그것을 하나님에게 투영하기 쉽다. 하나님도 우리를 경멸하신다고 확신하게 되는 것이다. 이런 일이 벌어지면, 우리는 단순히 내면의 비판자와 싸울 뿐 아니라, 우리가 스스로를 역겨워하듯이 하나님도 우리를 역겨워하신다고 믿어 버리게 된다. 은혜라는 개념도 우리의 자책을 어찌해 볼 도리가 없다.

아마도 수도원에 있을 당시 마르틴 루터의 상황도 이와 비슷했을 것이다. 심각한 자기 혐오에 빠져 있었던 루터는 하나님도 자기를 싫어하신다고 **생각했다**. 신학자이자 기민한 심층 심리학자이기도 했던 루터는 자신이 지은 죄를 일일이 헤아릴 수 없다는 것도 잘 알았다. 죄를 모두 고백했다고 생각하는 바로 그 순간, 다른 죄가 떠올랐다. 하나님의 진노에 완전히 사로잡힌 느낌이었다. 루터는 뼛속까지 정직할 각오가 되어 있었다. 그래서 하나님이 자신을 미워하신다는 느낌이 들면, 본인도 하나님을 미워했다. 끊임없이 정죄받는 느낌이 들자, 그도 결국에는 정죄하는 분을 혐오한다고 인정하기에 이르렀다. 바로 그런 상황에서 루터는 진정한 하나님의 용납을 체험하기 시작했고, 그것은 그가 하나님에 대해 갖고 있던 이미지를 변화시켰을 뿐 아니라 하나님을 완전히 다르게 생각할 수 있게 만들어 주었다. 은혜로 그의 수치심이 변화되었다.

그런데 우리 삶의 근원이요 기초이신 사랑의 하나님이 우리를 용납하고 사랑하시는데도 우리는 낡은 습관을 버리지 못하고 끊임없이 자신을 정죄하고, 스스로를 구제불능이라고 생각하니 얼마나 뻔뻔하고도 슬픈 일인지 모르겠다. 이런 수치심은 역전된 형태의 과대성이다. 자신의 상태가 너무도 심각하여 하나님의 사랑도 어찌할 도리가 없다고 생각하는 것이다.

지난 몇 십 년 동안, 대부분의 임상 심리학은 죄책과 수치심을 어떻게 달리 경험하는지에 초점을 맞추었다. 이 책에서 **수치심**은 건전하지 못한 의미의 단어로 사용된다. 반면, 죄책은 영적 성숙과 정서적으로 건강한 삶에 매우 중요한 요소로서, 수치심과는 확실히 구별해서 생각해야 한다. 다시 한 번 강조하지만, 다음과 같은 이유로 이 두 가지를 구별하는 것이 매우 중요하다. **죄책은 비판과 짝을 이루지만, 수치심은 비판주의의 친구다.** 하나님의 은혜를 받아들인 사람이라도, 죄책과 수치심을 구별하는 데 도움이 필요한 사람이 있을 수 있다. 이 둘의 중요한 차이점을 살펴보기로 하자.

죄책과 수치심의 구분

죄책이 수치심으로 바뀌는 사례를 수집해 본다면, 수치심의 특징은 과장이 심하고 우리에게 유죄라는 딱지를 붙이는 것이라고 말할 수 있을 것이다. 수치심은 양자택일의 사고방식으로 우리를 몰아세울 뿐, 용서에 반응하지 **않는다**. 수치심은 우리를 고립감과 역전된 과대성으로 몰아 가고, 변화의 동기를 유발하지 **않는다**. 수치심은 완벽주의에 얽매여 있고, 자기 징계를 불러일으킨다.

반대로, 한정된 건강한 죄책은 과장된 자기 대화에는 귀를 닫고, 변화되고자 하는 특정하고 구체적인 행동과 태도를 지향한다. 건강한 죄책은 용서에 진실하게 **반응하고**, 믿을 만한 친구들에게 실수를 털어놓을 수 있도록 격려해 주며, 변화의 동기를 유발한다. 건강한 죄책은 달성 가능하며 현실적인 목표를 설정하고, 자기 징계가 쓸데없는 일임을 간파한다.

나는 이 내용을 표 5.1에서 좀더 설명했다.

수치심은 자신이 한 행동을 과장하고, 사물을 침소봉대하며, **행위가 아닌 인격에 부정적인 꼬리표를** 단다. 또 욕설(멍청이, 쉬운 여자, 건달, 겁쟁이)을 많이 하고, 비난하는 말을 좋아한다. 과잉을 즐긴다. 별일도 아닌 것을 침소봉대한다. 그러나 건전한 죄책은 우리가 한 행동을 구체적으로 지적한다. 죄책은 내가 학생의 필요에 좀더 민감해야 했다고 말해 주지만, 수치심은 내가 학생을 전혀 배려하지 않았다고 말할 것이다. 또 죄책은 당신이 딸을 무시했다고 말하는 반면, 수치심은 당신은 최악의 부모라고 말해 줄 것이다.

표 5.1. 죄책과 수치심의 차이점

죄책	수치심
건전한 죄책은 **사람 자체에** 꼬리표를 붙이기보다는 그 사람이 행한 특정한 부정적 **행동만** 가려서 지적해 낸다.	수치심은 스스로 한 일을 과장하여, 그 행위보다는 자신에게 부정적인 꼬리표를 붙인다.

건전한 죄책은 바꾸어야 할 특정한 일에만 초점을 맞추고, 전체를 싸잡아 비판하지 않는다.	수치심은 양자택일의 사고방식과 광범위한 일반화로 공격한다.
건전한 죄책은 자기 용서의 가능성을 열어 주고, 자기 약점을 받아들이도록 격려한다. 건전한 죄책은 불건전한 행위 이면에 있는 가치 있는 개인을 볼 줄 안다.	수치심은 용서에 반응하지 않는다.
건전한 죄책은 실패한 일과 후회스러운 일을 믿을 만한 친구들에게 이야기한다.	수치심은 고립과 고독, 타락의 감정으로 스스로를 몰아 간다. 다른 사람은 물론 자기 자신까지 회피한다.
건전한 죄책은 자기 가치를 위협하지 않으면서도 특정한 변화를 모색하는 신중한 작업에 몰두한다.	수치심은 건설적인 변화를 모색하지 **않고**, 행동하지 않는 상태로 가만히 있는다.
건전한 죄책은 과장과 비현실적인 기준을 버린다.	수치심은 이상적인 기준에만 몰두한다.
건전한 죄책은 자기 징계가 소용없다는 사실을 간파하고, 그것이 오히려 자기 수용에 걸림돌임을 깨닫는다. 건전한 죄책은 잘못한 일을 보상하고 그쯤에서 접는다.	수치심은 자기 징계를 조장함으로써 자신이 저지른 일을 '속죄'하려고 무리하게 애쓴다.

　수치심은 양자택일의 사고방식과 광범위한 일반화로 우리를 맹공격한다. 또 우리나 다른 누군가가 '아주 무책임하고', '전혀 쓸데가 없으며', '부랑자나 마찬가지'라고 말한다. 이런 이야기들은 쓸 만한 정확한 정보를 전달해 주지 않는다는 점에 유의하라. 오히려, 우리를 정죄해서 무기력하고 절망적이며 꼼짝 못하게 만들 뿐이다. 그러나 건전한 죄책은 나중에 좀더 차분하고 합리적으로 생각해 보면서 이런 이야기들이 말도 안 되는 불공

평한 평가임을 깨닫는다. 이런 이야기들은 우리의 변화에는 아무런 도움이 되지 않는 이중적인 사고에 기초하고 있다. 건전한 죄책은 우리가 바꿀 수 있는 특정한 것에 주의를 집중하고, 전체를 싸잡아 비난하는 것은 피한다. 죄책은 좀더 신중하고, 집중력 있으며, 잘못을 맹공격하기보다는 그것으로부터 회복되는 데 관심이 많다.

수치심은 용서에 반응하지 않는다. 또 끊임없이 죄를 고백해야 한다는 강박관념에 시달리지만, 전혀 안도할 수 없다. 우리는 미안하다는 소리를 입에 달고 살지만, 왜 사과하는지 이유를 모를 때도 많다. 아무리 사과를 많이 한다 해도 내면의 평화를 얻기는 힘들어 보인다. 그러나 건전한 죄책은 자기 용서의 가능성을 열어 주고, 자기 약점을 받아들이도록 격려한다. 그렇게 하면 과거의 무책임한 행동에서 벗어나 실수라는 무거운 짐을 벗어 버리고 미래를 맞이할 수 있다. 건전한 죄책은 우리가 자기 가치를 손상시키지 않으면서도 과거를 인정하고 받아들이게 해준다. 자신의 과거를 받아들이지 못한다면 현재 자기 모습도 받아들일 수 없다는 사실을 인정하는 셈이다. 건전한 죄책은 파괴적이고 불건전한 행위 이면에 있는 가치 있는 개인을 볼 줄 안다.

수치심은 가룟 유다의 상태, 즉 자기를 정죄하는 절망적인 상태와 같다. 수치심은 우리를 고립과 고독, 타락의 감정으로 몰아간다. 다른 사람은 물론 자기 자신을 회피할 때도 많다. 그런 상태에서는 전혀 구원의 가능성이 없으니, 지옥 같은 마음 상태를 겪는다. 이런 내적 학대를 피하려면 자기 회피가 필수다. 기독교 신학자 디트리히 본회퍼는 이 점을 잘 피력한다.

> 죄를 고백하는 것으로 사귐에 이르는 길이 뚫립니다. 죄는 홀로 있는 사람과만 같이 머물려고 합니다. 죄는 사람을 사귀는 데서 떠나게 합니다. 외로우면 외로울수록, 죄의 세력은 사람에게 더욱더 파괴력을 발휘합니다. 이에 깊이 말려 들어가면 들어갈수록, 그 외로움은 그만큼 더 해로운 것이 됩니다. 죄는 드러나기를 원치 않습니다. 그래서 죄는 빛을 피하죠. 그리고 그 죄를 털어놓지 않고 어두움 속에 웅크리고 있으면, 죄는 인간의 전 존재에 독소를 퍼뜨립니다.[1]

반대로, 죄책은 예수님을 배신했지만 스스로를 망가뜨리지는 않은 베드로의 상태와 같다. 죄책은 믿을 만한 친구들에게 자신의 실패와 후회를 나눈다. 다른 사람에게 자신을 알리고 받아들여지는 것이 얼마나 큰 힘이 되는지 잘 안다. 우리의 진정한 정체성을 드러내어 지지와 용납의 가능성을 열어 놓고자 하는, 각 사람 안에 있는 깊은 필요를 잘 안다. 또한 죄책은 아무리 심각한 죄도 하나님의 사랑을 능가하지 못한다는 사실 역시 깨달아 안다.

수치심은 우리로 하여금 건설적인 변화를 모색하거나 보상을 하도록 동기부여하지 **않는다**. 어떻게 이런 일을 할 수 있는지 알려 주는 법이 없다. 오히려 우리를 아무 행동도 하지 않은 채 진퇴양난에 빠진 느낌이 들게 하여 꼼짝도 못하게 마비시킨다. 그러나 건전한 죄책은 변화와 성장, 더 나은 삶을 향해 나아갈 수 있도록 돕는다. 우리는 망연자실하지 않고 선한 동기로 충만해진다. 왜 그런가? 건전한 죄책은 특정한 변화를 모색하는 신중한 작업에 몰두하기 때문이다. 자기 인식은 교육의 도구다. 우리는 자기 모습을 지켜보면서 위협을 느낄 필요가 없다. 우리의 가치는 절대로 흔들리는 법이 없다.

수치심은 완벽주의나 이상적인 기준에만 몰두한다. 이렇게 비현실적인 요구 사항을 들이밀면 그에 미치지 못하는 경우가 생길 수밖에 없다. 불가능한 기대감과 가혹한 기준이 수치심을 부채질하면, 다음과 같은 두 가지 곤경에 빠질 수밖에 없다. 첫째, 지쳐서 패배감과 낙담에 시달리거나, 둘째, 자포자기 심정으로 스스로에게 반기를 들어, 분노로 이런 지시 사항에 대항한다. 우리는 이런 엄격한 목소리에서 벗어나려고 애쓰느라 대부분의 시간을 허비하고 있는지도 모른다. 하지만 그런 목소리에 불복할 때조차 이런 기준들은 **여전히 우리를 옭아매고 있다**. 우리는 자신과 싸움을 벌이느라 모든 에너지를 소진한다. 완벽을 추구하거나 완벽에 대항해 싸우거나, 어느 쪽이든 공허하고 죄책감에 사로잡히는 것은 마찬가지다. 그러나 건전한 죄책은 과장과 비현실적인 기준에서 벗어나도록 도와준다. 완벽주의를 극복하고 현실적이고 인간적이며 달성 가능한 목표를 추구한다. 자신의 잠재력을 속일 필요가 없으면서도, 자신의 한계를 인정하고 그와 더불어 사는 법을 배울 수 있다. 완벽하지 않아도 괜찮다는 사실을 알면 불필요한 염려에서 해방된다.

수치심은 자신이 저지른 일을 '속죄'하려고 무리하게 애쓰느라 자기 징계를 불러일으킨다. 수치심은 우리로 하여금 실패감을 보상하려는 롤러코스터에 올라타게 만든다. 우리는 끊임없이 남들에게 "실패감을 보상해 주겠다"고 말하면서, 자신의 수치심을 덜어 보려는 불가능한 과제에 착수할지도 모른다. 우리가 무시했던 친구를 위해 무언가를 해주겠다고 오지랖 넓게 나서는가 하면, 과식을 했다고 며칠 동안 굶으면서 몸을 혹사할지도 모른다. 그러나 건전한 죄책은 자기 징계가 소용없다는 사실을 간파할 뿐 아니라, 오히려 자기 수용에 걸림돌임을 깨닫는다. 일단 잘못한 일을 보상하면 그걸로 끝이다. 과거를 만회하는 것보다 앞으로의 변화가 중요하다.

은혜 대 수치심, 결백 대 공의. 건전한 죄책은 예수님의 은혜가 뒷받침하고 보장한다. 줄을 타는 곡예사와 마찬가지로, 우리에게는 용납이라는 안전망이 있다. 그런데 안타깝게도, 많은 사람들이 이 안전망을 거부한다. 조금이라도 발을 헛디디면 곧바로 죽을 것처럼 행동하고 믿으며 살아간다. 그러나 우리 존재는 더 이상 시험대에 오르지 않는다. 우리 행동이 곧 우리 존재는 아니니, 안심해도 좋다. 그렇게 심각한 위기 상황이 아니니, 공포에 질릴 필요가 없다. 오히려 우리 행위를 되돌아보고 용납의 안전망을 활용하여 변화를 도모할 수 있다.

우리가 스스로를 비판적으로 샅샅이 살피는 도중에 발견한 하나님의 무조건적인 선물 곧 은혜는 변화시키는 힘이 있다. 우리가 먼저 변해야만 하나님께 용납되는 것은 아니다. 누구나 자유로이 하나님의 용납을 받아 누릴 수 있다. 우리에게 필요한 것은 감사하는 마음뿐이다. 수치심의 웅덩이에서 벗어나기 위해 우리가 할 수 있는 일은 아무것도 없지만, 폴 틸리히(Paul Tilich)가 즐겨 표현한 대로 "우리가 용납받았다는 사실을 받아들이기만" 하면 된다. 그러면 거기서부터 무언가를 쌓을 수 있는 토대를 마련하게 되는 것이다.

저자 이름은 잊어버렸지만, 어디선가 이런 글을 읽은 적이 있다. "건전하게 작동하는 죄책은 자명종과 비슷하다." 사람들은 아침 일찍 울리는 자명종 소리를 대개 싫어하지만, 자명종은 시간을 알려 주는 매우 중요한 역할을 한다. 자명종이 울리면, 우리는 자리를 박차고 일어날지, 계속 잠을 잘지 결정해야 한다. 언뜻 선택의 여지가 없는 것처럼 보일 수도 있지만, 실제로는 선택의 여지가 얼마든지 있다. 특히, 일어나지 않아서 발생할 결과에 책임을 질 의향이 있다면 더더욱 말이다. 자명종 소리가 어느 정도 커야 사람을 깨울 수 있겠지만, 그렇다고 해서 청력을 훼손할 정도로 무지막지하게 클 필요는 없다. 또 자명종은 반드시 사람이 끌 수 있어야 한다. 끌 수 없는 자명종은 쓸데없는 소음에 불과하다. 그러므로 자명종이 울리는 시간과 강도에는 적절한 한계가 있어야 한다.

이와 마찬가지로 죄책도 우리에게 결정권을 준다. 우리의 가치관과 행동은 일치하지 않을 때가 많다. 이런 모순을 짚고 넘어갈 필요가 있다. 예를 들어, 나의 신념이나 가치관은 내가 대접받고 싶은 대로 다른 사람을 대접해야 한다고 말해 준다. 죄책은 내가 어제 다른 사람에게 민감하지 못했던 점을 지적해 줄 것이다. 그러므로 나는 그 사람에게 사과하고 다시는 그런 일을 저지르지 않도록 노력해야 한다. 내 잘못을 인정하고 고친 다음에도 계속해서 죄책이 마음의 평안을 깨뜨리게 놓아 두는 것은 부질없는 짓이다. 그것은 마치 자명종을 끄지 않고 계속 울리게 내버려두는 것과 같다.

그런데 신념과 행동이 불일치할 때, 경우에 따라서는 **행동**이 아니라 **신념**을 바꿔야 하는 때도 있다. 예를 들어, 회사에서 아주 중요한 회의가 잡혀 있는데, 마침 그 시간에 절친한 친구가 연극 공연을 한다고 하자. 두 군데에 모두 참석할 수 없으니 죄책감을 느낀다. 그런 상황이라면, 비현실적인 나의 신념을 바꿔야 할지도 모른다. 연극을 보러 갈 수 없어 **안타깝지만**, 그렇다고 해서 죄책감을 가질 필요는 없다. 토머스 오든(Thomas Oden)의 말처럼, 이것은 인간이기에 겪을 수밖에 없는 곤경이다. 어느 한 가지 가치를 택하면 나머지 한 가지는 부인하는 경우가 발생하는 것이다.[2] 옳은 선택이 딱 한 가지 있고, 나머지는 다 옳지 않은 그런 세상에 산다면 좋겠지만, 이 세상은 그런 식으로 돌아가지 않는다.

죄책은 껄끄러운 감정이기에, 거기에 극단적인 방식으로 반응하는 사람들도 있다. 우선, 안타깝게도 일부 심리치료학파가 퍼뜨린 방법이 한 가지 있는데, **모든** 죄책은 신경증이므로 백해무익하다고 보는 견해다. 이런 견해는 죄책을 무작정 포기하는 결과를 낳을 때가 많다. 오든은 낙태를 산아제한 수단으로 이용하는 것의 예를 들어, 이런 유형의 죄책 없는 태도에 대한 자신의 반응을 묘사한다.

텔레비전에서 인터뷰를 하는 열다섯 살 소녀의 긴장한 얼굴이 잊히지가 않는다. 이미 두 차례 낙태를 경험한 소녀는 얼마 후 세 번째 낙태를 앞두고 있었다. 왜 피임을 하지 않았느냐는 질문에 소녀는 너무도 간단한 답변을 내놓았다. "피임 도구 없이 하는 게 더 좋거든요." 낙태는 조심성 없는 행동의 결과를 떠맡는 노골적인 산아제한 수단으로 전락해 버렸다.…그 부분만 보아도 인터뷰는 너무나 충격적이었다. 하나님이 주신 가장 위대한 선물인 인간의 생명을 아무 생각 없이 찰나의 성적 쾌락과 얼마든지 맞바꿀 수 있다는 생각. 그러나 그 다음에 이어진 장면은 더욱 충격적이었다. 어느 '권위 있는 정신과 의사'가 등장해 십대 소녀 및 방청객들과 대화를 나누기 시작했다. 낙태를 고려하면서 갖게 된 죄책감에 대한 이야기였다. 정신과 의사는 소녀가 죄책을 거의 느끼지 못하는 것을 건강한 표시로 보고, 소녀가 자기 행동의 도덕성 여부를 너무 많이 고민한다면 소녀의 인생이 복잡해지기만 할 것이라고 말했다. 나는 이 5분짜리 인터뷰가 준 충격과 이것이 우리 사회에 시사하는 바를 도저히 잊을 수가 없었다.[3]

실제로 이처럼 책임감 있는 죄책을 경시하는 풍조를 보며 우리는 아연실색한다. 책임, 의무, 도덕적 책임 같은 감정을, 억압하는 양심의 부작용으로 간주하는 일부 사람들은 자아실현이라는 개념을 방종이라는 쾌락주의의 형태로 왜곡해 버렸다. 그중에서도 특히 1960-1970년대 일부 심리치료사들은 인간을 모든 양심의 가책에서 해방시키려고 애썼다. 어떤 사람들은 지나친 양심으로 인해 괴로워하기 때문에 그들에게서 모든 종류의 금지, 제한, 구속을 없애는 것이 유일한 해결책이라고 믿었다. 때로는 프로이트도 이런 정신치료 성향으로 비난을 받지만, 나중에는 그 역시 어느 정도의 사회적 제약과 책임이 없다면 인간 본성은 파괴로 향할 수밖에 없다고 믿었다는 점을 주목해야 한다. 프로이트는 양심을 없애야 한다는 의견에 자신의 추종자들보다 훨씬 더 냉정한 태도를 취했다.

죄책을 없애야 한다는 견해의 또 다른 주요한 요인은, 파괴적인 인간 행위가 책임 있는 선택이 아니라 외부적인 요인에서 비롯된다는 신념이 증가하고 있기 때문이었다. 예를 들어, '죄'를 일으키는 외적인 원인이 늘 존재하므로, 우리는 인간의 의지를 악의 일부로 보아서는 안 된다는 것이다.

형사 사건을 다루는 판사들은 죄책을 사회에 반하는 행위보다는 사회적, 경제적 박탈의 모호한 결과로 볼 때가 많았다. 이 사회적, 경제적 박탈은 의지를 발휘하는 책임 있는 행동보다는 외적 환경에 의해 결정되는 것이다. 이에 근거해서 판사들은 피해자들을 보호하지 않고, 가해자들을 즉시 사면하여 다시 강도와 폭행, 강간을 저지르도록 방조했다. 아이로니컬하게도, 이 판사들은 범죄자들의 자기 결정권이 없다고 간주함으로써 이 반사회적 시민들의 자존심에 오히려 손상을 입혔다.…최신 신학은 죄책은 실재하지 않으며, 정치적, 경제적, 심리적 구제책이 있다는 현대적인 사고와 한통속을 이루었다. 신학 역시 죄책의 문제를 사회적 메커니즘, 정치적 땜질, 심리적 결정론의 문제로 축소함으로써, 사회가 그것을 가장 필요로 했을 때 그 독특한 은사를 발휘하지 못했다. 신학은 오히려 인간의 사회적 노력이 없는 하나님의 자비, 요구 사항이 없는 용서, 언약적 책임이 없는 은혜, 공의를 언급하지 않는 하나님의 조건 없는 사랑 등 복음의 도덕률 폐기론으로 손쉬운 치료가 가능하다는 거짓 희망을 강화했다.[4]

죄책이 단순한 죄책감으로 전락하는 경우도 많다. 어떤 윤리적 이슈에 대해 죄책감을 가지는 심리적 포로 상태가 된다 해도 개인과 그 공동체의 중요한 윤리적 기준을 위반했다는 진짜 죄책에서는 해방되지 않는다. 우리의 죄책과 깨어진 모습, 하나님이 의도하신 모습에서 '한참이나 부족하다'는 느낌은 허구의 개념이나 외적 현실이 내면화된 데서 비롯된 것이 아니라는 점을 알아야 한다. 그런 느낌은 우리가 사랑과 공의가 넘치는 삶을 살려는 깊은 욕구와 모순되게 살고 있다는 사실을 마음속 깊은 곳에서 알기 때문에 비롯되는 것이다.

많은 보수적인 그리스도인들은 사회적인 '결백'에는 늘 주의하면서도, 자기 교회 회중에게 나타나는 과도한 죄책의 문제에는 그다지 신경을 쓰지 않을 때가 많았다. 다시 말해서, 어떤 집단에는 죄책이 전혀 문제가 되지 않는 반면, 다른 집단에서는 과장되어 나타나는 경향이 있다. 사람들은 중립적인 죄책과 좋지 않은 자아상에서 벗어나려고 애를 쓴다. 그런가 하면 그리스도인들 중에는 과도한 죄책 또는 수치심(내가 더 선호하는 용어다)이라는 감정으로 힘겨워하는 사람들이 있다. 자아상이라는 전반적인 개념이 의혹의 눈길로 다루어지고, 자존심과 교만, 자기 찬양을 강조하게 되었기 때문에, 일부 사람들은 자신의 긍정적인 부분을 희생하면서까지 자신의 '타락한' 본성에 집중하게 되었다. 사람들은 '전적 타락'이란 그 이상 더 악해질 수 없는 최악의 상태를 암시하는 것으로 이해해 왔다. 아우구스티누스가 세례받지 못한 아기들은 저주를 받는다는 펠라기우스주의자들과의 논쟁에서 극단으로 치달았던 것처럼, 개혁주의자들, 특히 칼뱅은 인간의 타락에 대한 과장된 견해 때문에 행위 의(works righteousness)라는 개념을 차단하려고 애썼다. 우리가 물려받은 '결백한 곤경'의 일부에 대해 솔직해져야 할 것이다. 그 일부는 이전 세대의 과도한 죄책, 즉 윤리적으로 사소한 문제와 강박적인 양심에 집착하는 죄책, 또한 즐거운 삶과 신실한 삶은 공존할 수 없다는 전제에 대한 반작용이다. 예를 들면 이해가 빠를 것이다. 내가 아는 한 교회는 청소년들을 위한 휴식 공간에 당구대를 설치하는 문제로 교회가 갈라졌다. 사실이다. 그 교회는 이처럼 '매우 심각한' 윤리 문제로 교회가 나뉘었다. 보통 사람들이라면 아이들이 당구대에서 마약을 할까 봐 걱정하겠지만, 이 교회는 당구대 자체에 집착했다. 내기 당구를 친 것도 아니었는데, 어쨌거나 당구는 감당하기 힘들다는 것이었다.

물론, 이것은 극단적인 경우다. 그러나 일부 복음주의자들은 수많은 보수주의자들의 심리에 자리한 자기 경멸, 자기 비하, 수치심에 적절한 관심을 보이지 못했다. 앞장에서 언급한 것처럼, 복음주의 학자들조차 "자부심과 자기 찬양의 우선성"을 지지하기에 바빴다. 그것이 칼뱅주의의 근본과 일치하기 때문이다. 그러나 나는 수치심이 여러 가지 방법으로 본색을 위장하고 나타난다는 사실을 지적하고 싶다. 겉으로 보기에는 전혀 수치심과 거리가 먼 행동일지라도 그 배후에 수치심이 자리하고 있을 수 있다는 것이다. 다음 예들을 생각해 보자.

- 남을 장악하고 통제하려는 욕구는 스스로 강하지 못하다는 의구심에서 비롯될 수 있다.
- 다른 사람을 무시하고 경멸하는 행동은 자기 자신을 긍휼히 여기지 못하는 데서 비롯될 수 있다.
- 권력에 대한 숭배는 스스로 힘이 없다고 여기는 데서 비롯될 수 있다.
- 거만한 완벽주의는 우리의 약점이 발각되면 자신이 큰 타격을 입을까 봐 두려워하는 마음에서 비롯될 수 있다.
- 집요한 경쟁은 우리가 최고가 아니면 모든 가치를 잃어버릴지도 모른다는 두려움에서 비롯될 수 있다.
- 지적으로 우월해야 한다는 욕구는 멍청하거나 확신이 부족한 것처럼

보일까 봐 두려워하는 데서 비롯될 수 있다.
- 홀로 고고한 척하는 것은 다른 사람들이 필요하다는 깊은 두려움에서 비롯될 수 있다.
- 새로운 프로젝트나 행동에 회의적인 태도는 새로운 과제를 실패할지도 모른다는 두려움과 연결되어 있을 수도 있다.
- 자기 생각만 하는 것은 우리가 앞으로 무슨 일을 만나게 될지 모른다는 염려에서 비롯될 수 있다.
- 야심찬 사람을 부정적으로 보고 얕보는 태도는 본인이 무언가를 '너무 크게' 기대하거나 바라는 것을 두려워하는 마음에서 비롯될 수 있다.
- 남의 악한 동기를 경멸하는 것은 잘 속는 본인이 상대방의 피해자가 되지 않을까 하는 염려에서 비롯될 수 있다.
- 관계를 신뢰하지 못하고 헌신하기 두려워하는 것은 자신의 판단력을 믿지 못하는 것과 연관이 있을 수 있다.
- 일정한 선을 넘어 다른 사람에게 간섭하고 집착하고 숨이 막힐 정도로 압력을 가하는 것은 상대방에게 버림받아 외로워질까 봐 두려워하는 불안감에서 비롯될 수 있다.
- 다른 사람들의 관심과 칭찬을 과도히 바라는 것은 자신감과 자기 존중감이 부족한 데서 비롯될 수 있다.
- 남에게 과도한 애정을 요구하는 것은 자기 칭찬이 부족한 것과 관계가

있을 수 있다.
- 스트레스를 피하고 문제에서 도망치려는 성향은 자신의 약한 내면을 염려하는 마음과 연관이 있을 수 있다.
- 불평불만이 많고 투덜대는 성향은 스스로 피해자의 위치를 포기하는 것이 두려운 마음에서 비롯될 수 있다.

이런 각각의 행위 이면에는 수치심이라는 문제가 도사리고 있다. 우리는 수치심이 우리 마음에 속삭여 주는 내용과는 전혀 다른 사람임을 증명함으로써 수치심을 물리치려고 애쓴다.

수치심과 비판주의로 힘들어하는 사람들을 도와주려 한다면, 겉모습을 뚫고 들어가 그 속사정을 볼 줄 알아야 한다. 다시 말해서, 스스로를 높이는 사람을 액면 그대로 받아들여서는 안 된다는 말이다. 때로는 정말 그런 사람들이 있어서 아주 꼴불견이기는 하다. 그러나 사실 그런 성향은 자신이 부적합하다는 생각에서 비롯된 경우가 많다. 확고한 자기 확신이 있는 사람이라면, 왜 주기적으로 자기를 자랑**해야만 하겠는가**? 내면이 확고한 사람이라면, 왜 끊임없이 자기를 강조**해야만 하겠는가**? 이렇게 요란을 떠는 겉모습 이면에는 수치심이 가득한 상처받은 자아가 있기 마련이다. 슬픈 진실은, 수치심을 감추려고 용을 쓰면 쓸수록, 수치심의 장악력은 더 커진다는 것이다.

수치심은 비판주의가 내면화된 것이다

오랫동안 상담을 해 온 사람들은 수치심이 어떤 식으로 내면화되어 비판의 목소리를 내는지 잘 안다. 우리는 자기 몸에 물리적인 폭력을 가하지는 않았을지 모르지만, 정신적으로 학대했을 수 있다. 정신적인 폭력은 어떻게 나타나는가? 과장된 비판, 정죄, 자기 판단과 일반화의 방법을 통해서다. 사람들은 자신의 결점을 확대하고 침소봉대한다. 잔혹한 말로 자신을 학대한다. 남들 들으라고 대놓고 크게 말하지 않을지는 몰라도, 남 모르게 이런 일들이 일어나고 있다. 얕보고 야유하고 깎아내리는 목소리가 우리의 단점을 지적한다. 비판주의가 활약하기 시작한다. 단순한 실수를 실패로 해석한다. 뭐 하나 모르는 게 있으면 '멍청하다'는 꼬리표를 붙인다. 이런 비판의 목소리는 감정적으로 격한 거짓말을 좋아하며, 중상의 대가(大家)다. 간단히 말해서, 그 목소리를 들으면 우리는 스스로의 적이 되고 만다. 자기 비판주의는 말 그대로 **자기**를 비판한다. 특정 행동이나 특징을 비판하는 것이 아니라 **자기 인격** 전체를 비판하는 것이다.

내 이야기로 예를 한번 들어 볼까 한다. 어느 날 수업을 마치고 강의실을 나서는데, 그날 학생들 사이에 토론이 활발하지 않아서 몹시 실망스러웠다. 수업 종료 몇 분을 남겨 놓고는, '학생들이 오늘 수업 내용에는 관심이 전혀 없나 봐' 하는 생각이 들 정도였다. 건물을 나서서 주차장으로 걸어가면서는 오늘 수업 진행이 전반적으로 매끄럽지 못했다는 생각이 들기 시작했다. 차에 올라 집으로 운전을 하는 내내, 부정적 생각은 점점 부풀어 올랐다. '오늘 수업을 완전 망쳤어. 학생들이 아주 지루했을 거야.' 집에 거의 다 와서는 '아, 나는 좋은 선생은 못 되려나 봐' 하는 생각과 '교편을 잡는 게 아니었어' 하는 후회에 이어, '난 인생에 실패한 사람이야'라는 자괴감마저 들었다. 이런 생각들은 순식간에 꼬리에 꼬리를 물고 이어져서 잠자리에 들 즈음에는 좌절과 낙담에 휩싸였다.

같은 과목의 그 다음 수업 시간, 나는 학생들에게 무기명으로 피드백을 부탁하면서 수업 시간 토론에 대해 써 달라고 했다. 학생들의 평가를 훑어보니 부정적인 내용은 하나도 없었다. 오히려, 여러 학생들이 지난 시간의 소극적인 발표에 사과를 해 왔다. 또 수업 내용이 잘 이해가 되어 질문할 만한 내용이 별로 없었다고 말해 주기도 했다.

나는 자기 비판주의 때문에 내 수업을 부정적으로 평가했다. 이전 강의 시간에 있었던 일들을 과장하고 왜곡하고 확대 해석했다. 학생들이 단순히 피곤해했던 것을 강의 내용을 지루해하는 것으로 오해했다. 학생들의 토론이 활발하지 않았던 이유를 내가 교수로서의 자질이 부족하기 때문이라고 여겼다. 이 사건은 자기 비판으로 넘어가기 전에 사실관계를 확인하는 것이 얼마나 중요한지 깨닫게 해주었다. 곰곰이 생각해 보니, 지난 수업 시간도 평소 수업 내용과 크게 다를 바가 없었다는 사실을 깨달았다. 발표가 적었던 지난 수업은 그야말로 예외적인 경우였다. 학생들은 평소 수업 시간에는 활발하게 토론을 벌였다. 그런데도 내 머릿속에 혹평을 쏟아내는 목소리 때문에 현실을 똑바로 보지 못했다. 나는 동료 교수들과 대화를 나누면서 그들도 나와 비슷한 경험을 자주 한다는 사실을 알게 되었다.

자기 비판주의자의 사고방식은 은혜를 거부하며, 자기 자신과 반목하고, 스스로를 깎아내리는 내면의 적이다. 이 내면의 적은 불건전한 태도와 행위 안에 꿈쩍없이 매복하여 우리를 비난한다. 이 적들이 흔히 전달하는 메시지는 다음과 같다. '나는 볼품없어. 머리가 나빠. 인기가 없어. 사람들은 내가 있는지 없는지조차 몰라. 나는 너무 감정적이야. 지루하기 짝이 없지. 부족한 게 많아. 열등해. 너무 불안정해. 자신감이 없어. 나 자신이 부끄러워. 도대체가 즐기는 법을 몰라. 낯가림이 심해. 너무 자기중심적이야. 나는 무책임해. 철이 덜 들었어. 나는 겁쟁이야. 게을러. 나는 인간관계가 엉망이야. 남의 비판을 잘 받아들이지 못해. 돈도 많이 못 벌고. 내가 잘못하면 어떡하지? 사람들이 나를 어떻게 생각할까? 나는 사람들과 좀처럼 어울리지를 못해. 거기서는 절대로 일을 못할 거야. 저건 절대로 못 배울 거야. 나는 구제불능이야. 내 마음은 엉망진창이야. 나는 너무 약해 빠졌어. 나는 어느 누구와도 잘 지내지 못해. 나는 계획적이지 못해. 사람들은 나를 싫어해. 나는 절망적이야.'

이런 부정적인 메시지들이 제대로 된 자아상을 방해하며 왜곡한다. 이런 부정적인 메시지들은 제대로 된 정보를 주지 않고 비난만 한다. 자신감을 무너뜨리고 우리를 편협한 제한사항에 가두어 둔다.

진정한 비판과 비판주의의 차이점에 다시 한 번 주목해 보자. 이 내면의 소리는 **행위**가 아니라 **인격**을 공격한다. 이 맹렬한 비난은 우리의 존재, 정체성, 자기 가치감에 직격탄을 날린다. 비판주의는 고쳐야 할 특정한 행위를 지적하는 것과 같은 신중한 과제에는 관심이 없다. 그런 일은 별로 극적이지가 않다. 너무 운신의 폭이 좁다. 비판주의는 과격한 비난에 굶주려 있다. 인격 전체에 화를 쏟아 부을 수도 있는 마당에 굳이 자잘한 습관이나 행위에 집중할 필요가 어디 있겠는가! 무작정 비판을 쏟아 부을 수 있는 기회를 왜 그냥 흘려보내겠는가?

비판주의는 '지나친 단순화와 모욕'이라는 전략을 취한다. 세상을 양자택일 구도로 나누고는 스스로를 부정적 집단에 배치시킨다. 모든 인간은 선한 사람 아니면 악한 사람, 인정 많은 사람 아니면 무정한 사람, 온화한 사람 아니면 냉혈한, 진짜 아니면 사기꾼, 근면한 사람 아니면 게으른 사람, 똑똑한 사람 아니면 멍청한 사람으로 나눌 수 있다. 이처럼 딱 떨어지는 양극단을 만들어 놓고, 우리는 꼴불견 범주에 자신을 쑤셔 넣는다. 물론 이런 작업은 대부분 무의식 차원에서 일어날 때가 많다. 인지심리치료사들이 자주 언급하듯이, 이것들은 '자동적 사고'다.

합리적으로 생각할 때는 자신을 이런 양자택일 구분법에 끼워 넣는 게 옳지 않다고 여긴다. 인생은 훨씬 더 복잡하게 마련이며, 우리도 상황에 따라 달리 행동한다는 사실을 안다. 우리가 늘, **완전히**, **전적으로**, **단순히** 어떠어떠하다고 말하는 것은 현실성이 떨어진다. 인간은 그렇게 묘사하기에는 너무나 복잡한 존재다.

본인에 대한 매우 비판적인 자아상을 차곡차곡 모아 놓았다가 최악의 순간에 터뜨리는 사람들이 있다. 여러 해에 걸쳐 부정적이고 수치스럽고 비판적인 메시지를 쌓아 두는 것이다. 외부에서 쏟아지는 비판의 목소리가 이제는 내면에서 그 역할을 해주는 대리인을 만났다. 예를 들어, 불같이 분노하는 부모는 더 이상 없지만 우리가 그 일을 물려받아 자기 자신에게 화를 낸다. 또 우리에게 무식하다고 면박을 주는 선생은 이제 없지만 우리는 과거의 해묵은 테이프를 기꺼이 반복해서 틀곤 한다.

자기 비판주의를 감추는 세 가지 위장술

길을 가다가 사람들에게 잘 지내냐고 물으면 이렇게 대답할 사람은 별로 없을 것이다. "글쎄요. 과도한 자기 비판주의와 수치심, 스스로 부적절하다는 느낌만 빼고는 잘 지내는 것 같네요." 실제로 자기 비판주의와 씨름하는 사람들은 그것을 위장할 수 있는 방법을 찾아 낸다. 사람들은 '보완적 자아', 즉 자기 경멸 같은 내면의 감정을 숨기기 위한 이미지를 내세운다. 사람들이 자기 비판주의를 얼버무리고 가리기 위해 시도하는 주요한 위장술에는 세 가지가 있다. 카렌 호나이는 불안에 직면한 사람들은 본인의 불안감을 덜어 보려고 상대방에게 다음 세 가지 방법 중 하나를 취한다고 말했는데, 그의 주장은 꽤 설득력이 있다.[5]

다른 사람에게 동의하기. 첫 번째 방법은 다른 사람에게 맞춰 주는 것이다. 대개 자신을 희생하여 상대방에게 맞추는데, 다른 사람을 기분 좋게 하려다 보니 자신에게는 크게 신경을 쓰지 못하는 경우가 많다. 이 경우에는, 본인의 필요가 무시당하는 한이 있어도 무조건 갈등을 피하고 본다. 상대방과 예상되는 갈등을 피하는 해결책은 무조건 다른 사람의 의견에 동의하는 것이다. 호나이의 이론에 따르면, 다른 사람을 위하다 보면 본인의 필요는 안중에 두지 않게 된다. 실제로, 이런 접근법에는 마조히즘의 기미가 엿보인다.

자기 회의를 은닉하는 가장 뻔한 방법 중 한 가지는 상대방의 동의를 구하는 것이다. 우리는 다른 사람의 칭찬과 동의와 확인에 목을 맨다. 다른 사람의 의사가 우리의 의사 결정에 가장 큰 영향력을 미친다. 어떻게 하면 내 행동이 남에게 영향을 미칠 수 있을지가 끊임없는 관심사다. 늘 상대방이 좋아할 행동을 하고, 상대방의 의견에 동의해 주며, 그 사람이 싫어할 만한 일은 절대로 하지 않는다. 자기 비판의 목소리에 과도하게 충성한다. 이렇게 하면 자기 경멸은 분명 궁지에 몰릴 것이다. 따라서 우리는 **안에서 밖으로** 향하는 삶을 사는 것이 아니라, **밖에서 안으로** 흘러들어오는 삶을 살게 된다. 다른 사람들의 표정과 말과 반응으로 자신의 행동을 평가하고 판단하게 된다. 본인의 자존감이 다른 사람들의 손안에 있다. 그러니 불안이 커지는 것은 당연하다. 우리가 용납되는지 아닌지의 여부가 끊임없이 감독관들에 의해 좌우된다. 우리 의견이 아니라 그들의 의견이 중요하다. 우리의 감정은 하찮고, 그들의 감정이 중요하다. 우리는 스스로에 대해 아는 바가 전무한 반면, 그들의 평가는 정확하다.

이렇게 늘 남의 인정을 구걸하다 보면 매우 불안정하고 위험한 처지에 놓인다. 외부 반응에 촉각을 곤두세우다 보면 스스로를 쉽게 포기하는 안타까운 일이 발생한다. 다른 사람들이 우리를 인정해 주어도, 우리는 마치 굶주린 짐승처럼 그것을 찾고 있다. 우리는 남의 의견에 신적인 권위를 부여하면서 우리 자신의 의견은 고통스럽도록 무시한다.

우리가 다른 사람의 인정을 끊임없이 찾아 헤맨다면, 단지 그것이 자기 의견이 아니라는 이유만으로 다른 사람들의 의견이 더 낫다고 생각하는 것밖에 되지 않는다. 우리 안에서 나오는 것은 하나같이 하찮기 때문에 유효한 판단을 위해서는 외부에서 그것을 찾을 수밖에 없다. 그 결과, 본인 스스로는 정확한 자아상을 그려 낼 수 없다고 믿는다. 다른 사람들은 우리에 대해 무언가 대단한 비밀이나 내부 정보를 가지고 있는 게 틀림없다. 그러나 정작 자기 자신은 자기 경험의 해석자로 신뢰할 만하지가 못하다. 우리는 자신의 정체성과 경험, 자기 존재에 대해 말해 줄 타인을 간절히 찾는다. 안타깝게도, 이 세상에는 **우리** 인생에 대해 조언해 줄 전문가들이 널려 있다. 이 외부인들은 우리 감정이나 과거, 고민을 전혀 이해하거나 공감하지 못하는데도, 우리는 그들이 우리가 무엇을 해야 하는지, 무엇을 했어야 하는지 알려 주도록 허용한다. 그것도 모자라, 우리가 우리 자신을 보는 방식을 결정할 수 있는 권한까지 부여해 준다. 그들의 의견이 우리를 규정한다. 우리는 외부의 확인에 갈급한 나머지 기꺼이 그들의 권위 아래로 들어간다. 내 이야기가 지나친 과장으로 들릴지도 모르지만, 나는 이와 같이 외부의 인정을 갈구하는 사람들을 실제로 많이 보아 왔다.

그러나 이렇게 남의 인정을 찾아 헤매는 사람들은 대개 결국엔 진이 빠지고 만다. 낙심하고 기운이 빠지면서 포기하고 싶은 심정이 된다. 인생은 구속이요 무거운 짐이자 저주가 되고 만다. 본인의 자기 회피 성향을 파악하기 시작할 때에야 비로소 새 힘을 회복할 수 있다. 우리가 지닌 고유한 개성은 무시하고 방치한 지 오래다. 우리는 자신을 포장해서 팔아야 하는 현실에 화가 나고 슬플지도 모른다. 우리 자신보다 더 중요시했던 수많은 사람들에게 분노하게 될지도 모른다. 남의 인정을 찾아 헤맨 기나긴 날들을 드디어 깨닫게 된다. 남을 배려한다고 해서 나를 내팽개칠 필요는 없다는 사실을 깨닫는다. 사실, 남에게 뭔가를 주려면 우선 자기를 돌보는 것이 중요하다는 사실을 깨달을지도 모른다. 이제는 나의 자연스러운 모습을 보여 줄 수 있는 친구, 서로 주고받는 관계를 맺을 친구를 찾기 시작할 것이다. 다른 사람들로 하여금 각자 자신의 갈등을 해결하게 하고, 만인의 문제를 해결해 주지 못하면 내 가치가 형편없다고 생각하는 것도 그만둘 것이다. 다른 사람이 나를 어떻게 생각하는지에 대해 내가 좌지우지할 수 없다는 현실을 깨달으면 해방감을 얻을 것이다. 남의 인정을 구하기 위해 쏟았던 에너지를 이제는 다른 곳에 쏟을 수 있게 될 것이다.

남에게 인정받으려는 노력이 만성화되면 우유부단한 사람이 된다. 우리는 우리와 의견이 다른 수많은 사람들을 만족시켜야 한다. 우리 자신의 의사결정을 신뢰하지 못한다면, 다른 사람들의 의견에 휘둘려 심각한 내면의 갈등과 좌절, 혼란을 겪을 것이다. 사람들은 각자 다른 목소리를 내기 때문에 어느 의견을 따라야 할지 결정하지 못하고 우왕좌왕하게 되는 것이다. 구입 차종, 데이트 상대, 출석 교회, 진학 학교, 일일 계획 등에 조언을 해주겠다는 사람이 너무 많다. 이렇게 의견이 다양한데 자신을 신뢰하지 못한다면, 감당하기 힘든 수준이 된다. 다양한 외부 의견을 진지하게 검토하고 고려하는 것과, 훈수 두기 좋아하는 사람들을 모두 만족시키려고 애쓰는 것은 전혀 다른 일이다. 복잡한 상황이나 스트레스를 처리하고 적절한 선택을 하는 과정에서 자신감이 부족하면 우유부단해질 수밖에 없다.

이와 관련해서, 우리가 남의 인정에 목을 매면 그들에게 조종당할 빌미를 주는 셈이다. 우리가 다른 사람의 인정을 바라는 입장이면, 그들이 우리에게 권력을 휘두른다. 이 권력은 우리에게 불리하게 작용할 수 있다. 그 사람들은 호의를 베풀지 않고 요구사항만 들이대거나 우리의 사생활을 침해하고 우리를 이용할지도 모른다. 그 사람들의 인정에 목을 맨 우리는 감히 그들에게 도전하거나 반대할 엄두를 내지 못한다. 그들 손에 우리에게 필요한 '치료약'이 있으니, 이미 대등한 관계가 아니다. 그들에게는 우리의 절박함이라는 비밀 병기가 있다. 그들의 인정이 절실한 나머지 우리는 솔직하게 나갈 수가 없다.

이렇게 남의 인정을 구걸하는 습관을 바꾸려면 실천이 필요하다. 이런 본인의 성향을 꿰뚫어 보고, 왜 이런 문제가 발생했는지 원인도 파악하고, 이런 관계의 해악을 충분히 깨달았다고 하더라도 문제 해결을 위해서는 전혀 다른 생활 방식을 실천해야 한다. 상대방의 동의를 얻지 못하고도 문제없이 잘 지내게 될 때마다 우리는 내면의 자신감과 힘을 얻게 된다. 이것은 그저 머리로 생각하고 느낄 것이 아니라 반드시 **행해야** 할 일이다. 행동 변화는 사고를 강화하고, 그러면 우리는 우리 자신에게 불필요한 것을 추구하는 어리석음을 깨닫게 될 것이다. 그렇게 되기 전까지는, 우리가 그 사실을 머리로는 알지 몰라도 실제로는 안다고 말할 수 없을 것이다.

남의 동의를 구하는 것이 사실은 우상숭배의 일종임을 확실히 볼 수 있어야 한다. 그 어떤 인간도 우리의 신이 되어서는 안 된다. 사람들의 용납을 끈질기게 구하는 것은 그들을 신격화하는 것이나 마찬가지다. 사람들의 인정을 받는 것은 좋은 일이지만, 그것이 우리 존재의 핵심은 아니다.

이 모든 변화는 지각(awareness)과 평가(assessment)에서 시작된다. 우리는 어느 정도 수준의 인정이면 만족할까? 많이 좋아해 주는 정도? 가끔은. 존경받는 정도? 아마도 아닐 것이다. 대개는 우리가 상대방을 존경해 주어야 상대방도 나를 존경해 준다. 그리고 자기 존중감은 주의를 집중하는 데서 시작된다. 그런데 누구에게 주의를 집중하는가? 바로 우리 자신이다. 외모에 관심을 가지라거나 남에게 잘 보이기 위해 애쓰라는 뜻이 아니다. 본인에게 차분하고 내밀하게 집중함으로써 성숙을 도모하라는 것이다. 우리가 무엇을 좋아하고 싫어하는지, 무슨 생각을 하고 무엇을 기대하는지, 무서워하고 싫어하는 것은 무엇인지 유의해 보라는 뜻이다. 이것이 자기 존중감으로 향하는 첫걸음이다. 출산을 앞둔 예비 부모들처럼, 우리는 내면에서 새롭게 탄생하는 것을 기다릴 줄 알게 된다. 모든 사람을 만족시킴으로써 자기 정죄의 목소리를 회피할 필요가 없다. 사실상 우리는 그런 데 힘쓸 여력이 없다.

다른 사람에게 반대하기. 호나이가 언급한 대인관계에서의 두 번째 성향은 다른 사람에게 **반대하는** 방향으로 나가는 것이다. 남과 다른 것이 두려운 나머지 상대방을 장악하고 통제하려 한다. 이런 차이점에 위협을 느낀 사람들은 상대방을 어떻게든 제압해야 한다고 생각한다. 남들을 있는 모습 그대로 인정할 수 있을 만큼 스스로에게 자신감이 없는 것이다. 그래서 우리는 남들을 나와 똑같은 판박이로 만들려 한다. 타인을 **향하는** 앞의 첫 번째 성향에 마조히즘의 가능성이 있다면, 타인에 **반대하는** 이 두 번째 성향에는 사디즘의 가능성이 농후하다. 어떤 유형이건 활력은 너무 위협적이기 때문에 다른 사람으로부터 생명력을 소진시키려는 경향이 있다.

다른 사람을 비판하고 비난하고 혹평하는 것은 낮은 자아상이나 자기 용납의 부족과는 거리가 있어 보인다. 비판하고 혹평하기 좋아하는 사람들은 목소리가 크고 고압적이며 남을 장악하려 하고 교만하며 입이 험하다. 그런 사람들은 내가 지금까지 언급한 사람들, 즉 내면이 불안정하여 남의 인정을 찾아 헤매는 사람과는 종이 다른 것 같다. 오히려 자기 과신이 지나쳐서 늘 자신이 옳고 자기 탓을 하는 일이 없다. 그들은 자신은 모든 실수에서 면제시키고 남에게서 잘못을 찾아 내는 탁월한 능력이 있는 것 같다.

실수를 인정하지 못하고 인간적인 오류를 받아들이지 못할 때는 모든 잘못을 자기 외부 탓으로 돌리려는 심리적인 압박을 느끼게 마련이다. 내면의 문제를 어떻게든 외부 탓으로 돌려야 한다. 그러니 필연적으로 남의 행동을 빌미로 우리 문제를 해명하는 것이다. 자기 이미지를 해치지 않기 위해서는 끊임없이 변명을 해야 한다. 그건 그 **사람들** 잘못이다. 비난은 저 **사람들**이 받아야 한다. 우리 외부의 악인이 또다시 활동한다. 이처럼 남의 탓을 하는 것은 정서적으로 성장하고 책임 있는 사람이 되기를 거부하는 데 중추적 역할을 한다.

비난하는 가면을 벗고 거울을 직시하는 일은 너무 겁이 난다. 거울 속에 무엇이 있을까? 우리가 그 평가를 견뎌 낼 수 있을까? 우리가 한 실수에 완전히 무너져 내리지 않으면서도 그 실수를 인정할 수 있을까? 흔들리고 깨지기 쉬운 자아상을 너무 깊이 탐색하기가 두렵다. 과도한 비판이 위협하는 삶은 우리를 바깥 세계로 내몬다. 잘못은 저기 저 **바깥** 세상에 있어야 한다. 이 안에서 잘못을 발견하는 일은 너무 고통스럽기 때문이다. 그래서 남을 비난하고 책임을 전가하면 우리 자신에게서 멀리 도망칠 수 있다. 남을 비난하는 동안 우리는 자기 이해의 가능성을 축소하는 셈이다. 저 바깥에 있는 적을 맹공격하면 내면의 탐색을 피할 수 있다. 우리 자신을 회피하려면 외부의 범죄자들이 필요하다. 아무도 비난할 사람이 없다면 어떻게 되겠는가?

비난은 자기 주인의식(self-ownership)에 심각한 방해가 된다. 결점을 자기 것으로 인식하고 인정하고 수용해야만 그 결점들을 넘어설 수 있다. 직접적이건 간접적이건, 비난을 조장하는 사람이나 집단은 건강한 생활에 걸림돌이 된다. 남을 비난하는 사람은 스스로 피해자 역할에 더 깊이 빠져든다. 강한 사람이 아니라 약한 사람이 비난을 하게 마련이다. 비난에는 비전도, 희망도, 동기 부여도 없다. 그저 포기해 버리는 것이다. 비난은 우리 내부가 아닌 다른 곳에 우리 인생의 힘을 두는 것이다.

비난은 관계에도 독이 된다. 균형과 공정, 관점 획득, 협상, 책임은 빗발치듯 몰아치는 비난 속에 종적을 감춘다. 늘 다른 누군가가 우리 감정을 결정하고, 행동에 영향을 미치며, 반응을 유발하고 감정을 상하게 하며 우리의 하루를 망치거나 우리를 화나게 만든다. 우리는 항상 수동적인 피해자의 입장이라서 남들이 우리를 타락시키고 조종하고 무기력하게 만든다고 말한다. 그들은 얼마나 끔찍한 사람들인지!

자기 실수를 인정하면 편안하고 자유롭게 인간적인 모습을 지닐 수 있기에, 자기 경멸을 피하느라 애쓰지 않고 더 생산적인 일에 힘을 쏟을 수 있다. 우리가 던져야 할 질문은 이것이다. 우리는 거짓 자아를 보호하고 방어하고 고집스럽게 유지하기 위해 심리적인 에너지를 허비하는가, 아니면 진짜 자아를 탐색하고 이해하고 향상시키는 데 사용하는가?

남을 비판하고 평가하며 분석하는 일은 많은 사람들에게 마약과 같은 역할을 한다. 자기 내면의 삶을 회피하는 구실이 되는 것이다. 다른 사람의 타락에 집착함으로써 주위를 산만하게 하고, 자신이 우월하다는 행복감에 빠지고, 남의 행동을 단속하는 데서 아드레날린이 샘솟는 쾌감을 맛본다. 자기 반성을 계속해서 회피하기 위해서는 뒷말과 비판이 꼭 필요하다. 우리가 남을 판단할 때 우리 자신을 회피하고 있다는 단순한 법칙은 변함이 없다. 우리는 **자신이** 바뀌어야 할 부분이 무엇인지, 어떤 부분이 부족한지, 어떻게 문제의 원인을 제공하고 있는지는 잘 잊어버린다. 남을 비난하면 일시적으로는 비난을 모면할 수 있다. 우리는 남을 까발리고 조롱하면서 기분을 전환한다. 다른 사람에게 책임을 전가함으로써 스스로 부적합하다는 마음속 깊은 곳의 소리를 잠재워야만 한다. 그렇지만 고통스러운 현실은, 아무리 남을 비난해도 은혜가 필요한 우리 내면을 치유하기는 힘들다는 것이다.

그러므로 또다시, 남을 비판하는 것은 자기 혐오의 형태를 띤다. 다른 사람을 제물로 삼아 스스로 부족하다는 느낌을 인정하고 받아들이기를 거부하는 것이다. 내면의 전쟁이 밖으로 밀려 나온다. 적을 앞세워, 사실은 우리가 은밀히 혐오하는 자기 모습을 없애 보려 애쓴다. 다른 사람을 교묘히 조종하여 우리 수치심의 희생양으로 삼는다. 남들을 맹렬히 비난하고 고발하면서, 어쩌면 그렇게 사람이 악할 수 있는지 의아해한다. 다른 사람들은 모두 본인의 자기 경멸의 표적이 된다.

남을 탓하고 판단하는 패턴을 유심히 관찰하는 것부터 시작하라. 다른 사람들 때문에 스스로를 나무랄 필요는 없다. 그렇게 되면 두 가지 문제가 발생한다. 한 가지는 우리가 판단하는 습관이요, 또 하나는 그 판단하는 습관에 **대한** 비판주의다. 그보다는 우리가 비판적인 성향으로 회피하려는 것이 무엇인지 자문할 수 있어야 한다. 비판에서 벗어나는 길은 더 이상 비판을 삼가고 긍휼히 여기는 것이다. 그러기 위해서는 하나님의 도우심이 끊임없이 필요하다. 우리는 우리 자신을 향한 하나님의 사랑과 우리 안에 계신 그분의 사랑을 깨달아야 한다.

다른 사람을 회피하기. 호나이가 가리키는 세 번째 성향은 다른 사람들에게서 **멀어지는** 것이다. 이런 대인관계 성향은 일부러 사람들을 피하고 고립되는 것을 뜻한다. 이들은 다른 사람의 삶에 개입하지 않는 생활 방식을 취하여 근심과 불안감의 원인을 해결하려 한다. 대인관계란 복잡하고 골치 아프며, 자신을 내던지는 위험을 감수해야 한다고 믿는다. 친밀감을 감수할 만큼 이들의 자아 인식은 강하지 않다. 차라리 다른 사람이 나를 알지 못하는 편이 훨씬 더 안전하다고 믿는다.

때로 사람들은 혼자서 도도하고 쿨한 척하면서 자기 비판주의에서 벗어나려고 애쓴다. 신에게나 가능한 강인함이 본인에게 있다고 주장한다.

다른 사람을 가까이 둘 수 있을 만큼 자신감이 없기에, 다른 사람의 도움 없이 혼자서도 충분히 살아갈 수 있다고 주장한다. 우리가 사는 세상은 철저하게 방어가 되어 있다. 자기를 드러내는 일은 약하다는 표시이므로, 있을 수 없는 일이다. 그 어떤 상황에서도 차분하고 침착하며 감정에 휘둘려서는 안 된다. 우리는 아무도 필요 없다는 사실을 스스로 확신시켜야 한다. 다른 사람이 필요한 사람은 그만큼 약하다는 것이다. 자기 비판주의를 은폐하기 위해서는 절대로 자신을 드러내서는 안 된다. 친밀한 관계는 우리를 다른 사람에게뿐 아니라 우리 자신에게도 드러내는 경향이 있다. 절대로 그럴 필요가 없다. 그러므로 스스로를 회피하기 위해서는, 모든 문제는 겉으로만 드러나야 한다. 자기 반성만큼 위험한 일도 없다. 자기 비판주의를 회피하는 데는 얄팍한 피상성만 한 게 없다.

하나님의 은혜를 힘입으면, 인생이 고해라는 사실을 알더라도 이 세상에 온전히 몸을 던질 수 있다. 루이스(C. S. Lewis)는 이렇게 말한 적이 있다. "무엇이든 사랑해 보십시오. 여러분의 마음은 분명 아픔을 느낄 것이며, 어쩌면 부서져 버릴 수도 있습니다. 마음을 아무 손상 없이 고스란히 간직하고 싶다면, 누구에게도—심지어 동물에게도—마음을 주어서는 안 됩니다.…천국을 제외하고, 여러분이 사랑의 모든 위험과 동요로부터 완벽하게 안전할 수 있는 유일한 장소는 지옥뿐입니다."[6] 세상을 사랑하고 돌보며 우리를 세상에 내던지는 모험은 여전히 가치가 있다. 틀림없이 다른 사람들을 실망시키리라는 깊은 불안감 때문에 우리는 선뜻 그들의 삶에 개입하지 못한다. 라인홀드 니버의 표현을 따르자면, "하나님의 섭리에 대한 믿음은 자유의 필수 요건이다. 하나님의 섭리를 믿지 못한다면 자유에 대한 염려 때문에 인간은 자기 만족과 자기 통제를 추구하려 하는데, 이것은 자신이 통제할 수 없는 힘에 의지하는 것과는 양립 불가능하다."[7] 하나님의 사랑을 받은 우리는 그분의 은혜로 말미암아 온전히 사랑할 수 있다.

나는 내가 사랑받는다는 사실을 이해할 때에만 사랑할 수 있는 자유를 경험할 수 있다. 다른 사람의 사랑을 선물로 받으면 사랑할 수 있는 능력이 생긴다. 사랑은 오로지 받은 사랑에 대한 보답으로만 존재할 수 있다. 사랑에 굶주린 사람은 사랑할 수 없다. 또 사랑받고 있다는 개념만 가지고서는 사랑할 수 없고, 실제로 사랑을 받은 사람만이 사랑할 수 있다.[8]

6장

권위 있는 비판과 권위적인 비판주의

권위 있게 말하는 사람과 권위적인 사람은 큰 차이가 있다. 권위 있는 사람은 전문 지식과 능력을 갖춘 반면, 권위적인 사람은 얄팍한 힘과 지위, 명령을 내세우며 자기를 따르라고 강요한다. 권위 있는 사람은 질문을 받아도 인신공격을 당했다고 생각하지 않는다. 그러나 권위적인 사람은 이치에 맞지 않는 말을 늘어놓으면서도, 아무런 의문을 제기하지 않는 무조건적 충성을 요구한다. 권위 있는 사람은 합리성과 지혜의 본이 되는 반면, 권위적인 사람은 힘과 통제력만 과시한다. 하워드 클라인벨(Howard Clinebell)은 그 점을 이렇게 지적한다.

> 모든 사람에게는 합리적인 권위, 유능한 권위가 필요하다. 이것이 바로 예수님의 말씀에서 찾아볼 수 있었던 권위다. 영적 문제에 대한 예수님의 능력은 자명했다. 예수님의 진리 이해는 두말할 나위 없이 확실했다.[1]

권위적(authoritarian)이라는 단어는 사고방식, 삶을 바라보는 관점, 세상을 인식하는 방식을 가리킨다. 권위적인 사고는 엄격한 사고방식을 갖는다. 권위적인 사람들의 사고 **내용**은 각기 다를지 모르나, 그들의 기본적인 추론 **유형**이나 **형태**는 대개 비슷하다. 실제로 권위주의와 비판주의는 공존하는 경우가 대부분이다. 권위주의를 독식하는 집단은 없다. 좌파나 우파 어느 편에서도 권위주의는 나올 수 있다. 종파에 관계없이, 권위주의적인 사고는 스스로 진리를 소유하고 있다는 신념이 너무나 **확실하기에** 그 진리로 다른 사람을 혹평하는 것을 정당화한다. 대화가 변질되어, 상대방의 견해를 무조건 정복하고 보는 힘겨룸으로 전락한다. 권위주의는 강박적인 사고방식, 근심이 많은 방어적인 정신 상태를 드러낸다. 따라서 권위주의는 인간이라면 누구나 겪을 수밖에 없는 무시무시한 염려를 어떻게든 처리해 보려는 부정직한 시도로 보일 수밖에 없다. 권위적인 사고는 인간의 딜레마에서 구조되기를 기대하면서, **신뢰하기를** 거부하고 **알아야만** 하겠다고 나선다. 그래서 전혀 알지 못하면서도 아는 **체한다**. 권위적인 사고는 현실을 아주 버거워하는 정신 상태다. 어떻게든 불편한 현실을 무마해 보려고, 확실성의 동굴에 숨어 들어가 가까이 오는 사람은 무조건 공격한다.

　인간의 모든 경험을 사전에 준비한 지적 부류에 끼워 맞추려는 권위적인 사고는 우리를 감정적인 동요로 몰아간다. 우리 경험을 제대로 해석하지 못하면 그것은 마치 터무니없이 작아서 발에 맞지 않는 신발을 신고 돌아다니는 것이나 마찬가지다. 발에는 물집이 잡히고 다리에 문제가 생긴다. 우리에게 일어난 일을 언제까지고 억누르고 피하고, 무의식적으로 없던 일로 할 수는 없는 노릇이어서, 언젠가는 일의 결과가 나타나기 마련이다. 경험을 부인하는 행위와 심리적 역기능 사이에는 밀접한 관계가 있다. 엄격한 사고는 매우 제한적인 정서를 낳기 때문에, 우리는 엄청난 부인과 자기 경멸로만 연명하는 신세가 된다. 우리의 경험이, 그래야만 한다고 생각하는 현실에 대한 엄격한 인식에 들어맞지 않으면 우리는 우리의 실제 경험을 막연하게 축소하고 왜곡하고 검열할 수 없다. 이것은 엄청난 내면의 갈등과 긴장을 낳아서 우리가 맺는 관계들에 드러날 수밖에 없을 것이다.

안타깝게도, 권위적인 사고가 도전을 받을 때 많은 사람들은 더 고집스럽게 깊이 파고들기만 한다. 자기를 방어하느라 여념이 없다. 루이스가 즐겨 하던 말을 우리는 그만 잊어버린다. "우리가 하나님을 변호한다고 말할 때, 사실은 스스로를 변호하고 있는 경우가 많다." 스스로 옳다고 주장하는 사이 자기 생각에만 골몰하느라 다른 사람들이 주는 통찰력을 받아들이지 못한다. 우리는 본인의 사고에서 한 가지라도 의문시한다면 전체가 흔들릴 것이라고 스스로에게 말한다. 이런 도미노 효과에 대한 두려움 때문에 본인의 모든 의견에 100퍼센트 확신하는 척하게 된다. 모든 의구심은 탐구하는 마음이 아니라 반항하는 마음에서 비롯된다고 말하기도 한다. 그러므로 지적인 문제는 윤리적 문제의 탈을 쓰게 된다. 남들이 우리 의견에 동의하지 않으면 그들의 진심과는 상관없이 우리는 그것을 진리에 대한 탄압으로 축소해 버린다.

권위적인 사고는 늘 탐색보다는 질서가 우선되어야 한다고 주장한다.

세상에서 질서의식을 찾는 것은 중요한 일이지만, 염려 때문에 정리된 지적 상태를 과도하게 요구할 수도 있다. 만사가 확실하게 이해되고 제자리를 지켜야만 한다. 설명하기 힘든 복잡 미묘한 인생사는 잘 분류해 넣어야 한다. 우리의 경험에 들어맞지 않더라도 낡고 안전한 세계관을 유지하는 편이 불확실성을 인정하는 것보다 더 낫다. 이런 양상이 관계로 들어오면 "당신의 경험은 내 선입견에 들어맞아야 한다"는 식으로 나타난다. 상대방의 경험이 나의 기존 해석에 들어맞지 않는 듯하면, 나는 상대방의 경험을 왜곡하고 축소하거나 바꾸어서까지 나의 세계관에 일치시킨다. 아무것도 내 고립된 세계관을 뒤흔들고 무너뜨릴 수 없다. 상대방이 어떤 경험을 내놓든지 간에, 내가 감당할 수 있는 부류에 끼워 넣을 것이다.

도무지 이해할 수 없는 고통을 겪고 있는 사람들을 만날 때 이런 유혹이 특히 강해진다. 그들의 고통을 직시하고 왜 이런 일이 일어났는지 모르겠다는 사실을 솔직히 인정하기보다는, 그에 대한 해명이나 진부한 이야기를 늘어놓는 경우가 많다. 하지만 얼마 못 가 그런 해명이 고통당하는 사람을 위로하기보다는 나 자신의 견해를 유지하기 위한 무모한 시도라는 사실이 분명해진다. 해럴드 쿠쉬너(Harold Kushner)가 정확히 지적했듯이, 다른 사람의 고통을 설명하려는 노력은 때로 잔인하기까지 하다.[2] 우리는 피해자를 비난하고, 고통받는 사람들이 이런 비극을 자초했다는 암시를 줄 수도 있다.

몇 해 전, 나는 끔찍한 교통사고로 아내를 잃었다. 같이 사고를 당한 나는 겨우 목숨만 건졌다. 오랫동안 병원에 입원해서 몸을 회복하는 동안, 많은 사람들이 진심으로 위로해 준 데 대해 진심으로 감사했다. 현명한 지인 몇 사람은 왜 이런 사건이 벌어졌는지 이유를 찾는 것은 적절하지 않다는 사실을 잘 아는 듯했다. 그저 혼란스러워하는 나를 잘 보듬어 주고, 힘들어하는 나를 사랑의 눈길로 지켜봐 주었다.

그런가 하면 이 사건이 제기하는 질문들을 상당히 불편해하는 사람들도 있었다. 그 사람들의 염려가 커지는 것이 내 눈에 보였다. 근심 걱정이 점점 심해지다 보니 마음의 안정을 되찾기 위해 간편하고 신속한 설명, 아무 설명이라도 내놓으려 했다. 그들의 대답이 그들을 위한 것이지 나를 위한 것은 아니라는 사실은 분명했다. 의심의 여우가 안전한 그들의 닭장을 위협했다. 이 여우는 하루빨리 없애야 했다. 만족스럽지 못한 대답이라 해도 답이 없는 것보다는 나았다. 욥의 친구들도 그런 확신을 가지고 있었다. 무슨 수를 써서라도 자신들의 안정적인 종교적 세계관을 지켜야만 했다. 그래서 사람들은 나와 함께 불확실성을 공유하느니 본인들의 낡은 사고방식을 지키는 편을 택했다.

그 사람들이 나쁜 의도로 그런 것은 아니라는 점을 분명히 해야겠다. 그저 잔뜩 겁에 질린 나머지, 문제를 최소화하거나 약화해 줄 종교 사상에 의지하게 되었을 뿐이다. 사람들은 내가 당하는 고통이 아니라 본인의 의심이 두려워 어떻게든 문제를 처치하려고 애쓰고 있다는 것을 망각하고 있는 것 같았다. 나의 질문과 혼란이 그들의 질문과 혼란을 자극한 셈이었다. 본인의 내면에 자리한 불안정한 신비를 직면하고 탐색하기를 꺼리는 사람들이 어떻게 내 이야기에 귀 기울여 줄 수 있겠는가? 또 혈기왕성한 젊은 시절에는, 다른 사람들의 이야기에 숨은 깊은 고통과 모호함, 긴장을 이해하기가 어려웠을 것이다. 좋은 의도이기는 해도, 진부하고 상투적인 이야기만 늘어놓을 뿐이다.

이처럼 질서에 집착하는 태도는 많은 사람들이 전문 상담가나 심리치료사를 찾아가야겠다고 느끼는 이유를 설명해 준다. 효과적인 상담을 통해 우리는 염려와 불안감을 신속히 없애지 않고도 그에 직면하는 기회를 얻는다. 치료사는 염려와 불안감은 아무 문제도 아니라며 그것들을 무시하라고 설득하지도 않고, 손쉬운 설명을 하려 하지도 않는다. 유능한 상담가는 본인의 세계관을 유지하려는 욕심보다 내담자의 분투에 초점을 맞춘다.

포장된 대답은 대개 미리 준비된 경우가 많다. "하나님이 예정하신 일이었어요", "하나님을 의심해서는 안 됩니다" 같은 말은 별로 도움이 되지 않는다. 이런 말을 들으면 일시적으로는 인생이 내 마음대로 되는 것 같지만, 모든 사람이 직면해야 하는 이면의 염려는 무시한 언급이다. 이런 말은 얕은 물에서 나와 더 깊은 곳으로 들어가기를 거부한다. 우리에게 평안을 주지도 않는다. 오히려 어떻게든 염려를 없애기 위해 의도된 말들이다. 대니얼 데이 윌리엄스(Daniel Day Williams)는 이렇게 말한다.

기독교적 관점은 스토아 철학과는 다르다. 그리스도인은 궁극적으로 고통에서 자신을 보호하는 데 관심이 없기 때문이다. 사랑의 개입으로, 우리는 고통으로부터의 면제가 아닌 삶을 나누려고 한다. 이웃의 필요를 파악하는 것은 자신의 연약함을 받아들이는 자세로만 가능하다. 예수님은 슬픔을 아시고 고통에 익숙한 분이셨다.[3]

목회자를 비롯하여 사람을 다루는 직업을 가진 사람들이 인간의 딜레마에 대한 손쉽고 포괄적인 답을 가지고 있다고 주장한다면, 그들은 사람들의 구체적인 특정 딜레마를 온전히 인식하고 수용할 필요가 있다. 사람들 중에는 손쉬운 답변이 그들의 고통과 근심을 잘 설명해 주고 다루기 쉽게 만들어 준다는 이유로 쉬운 답변을 **원하는** 이들도 있지만, 그런 상투적인 답은 오래 가지 못한다. 이론상으로 답해 주기는 쉽다. 하지만 희망을 제시하기 전에, 상대방의 고통을 충분히 인식하면서 그 사람의 삶에 몰아닥친 풍파를 어떻게 헤치고 나아갈 수 있을 것인가? 사무실에 앉아 인간 조건을 숙고하는 것은 아무 문제가 없지만, 우리가 해준 대답이 상대방의 암울한 고통 속을 뚫고 들어가지 못한다면 그것은 아무런 의미가 없다.

다원주의와 극단적 상대주의와 확신

권위적인 사고가 위험한 이유를 몇 가지 지적했으니, 서구의 종교적인 관점 일부가 감히 인간 조건에 대해 보편적으로 이야기한다는 이유만으로 권위적이라는 꼬리표를 달게 되었다는 점도 함께 언급하는 편이 좋겠다. 감히 보편성을 언급함으로써 이 집단들은 권위적이고 배타적이요 편협하며 다른 관점을 인정하지 않는다고 여겨진다. 더 심각한 것은, 그런 관점들이 다양성을 포용하지 않는다는 혐의를 받고 있다는 것이다. 흠잡기 좋아하는 사람들은 로버트 젠슨(Robert Jenson)이 다원주의의 사회적 **현실**이라고 부른 것에서 다원주의라는 사상으로 신속히 넘어간다.[4] 사회적 현실로서의 다원주의는 그냥 존재하는 것이다. 우리는 여러 가지 세계관이 존재하는 다양한 세상에 살고 있다. 이런 사회적 현실 자체는 중립적이며, 우리의 상황을 묘사한 것에 불과하다.

그러나 많은 사람들은 이 단순한 인식을 사상으로, 즉 온갖 종류의 형이상학적 전제를 함축한 근본주의 철학으로 전환하려고 한다. 다원주의는 모든 관점을 평가하는 기준으로 격상된다. 아무 견해나 무분별하게 제시하고 인정해서는 안 되고, 모든 견해는 그 견해를 보유한 개인에게 **합법적으로 받아들여지고 옳다는 보증을 받아야** 한다. 당신의 진리와 나의 진리를 비롯한 모든 사람의 진리는 다원주의라는 거대한 천막 아래 모여야 한다. 이처럼 다양한 상황 가운데 모든 사람은 각자 나름의 인식론적 양식을 가지고 있다. 종교적, 정치적, 윤리적 관점은 비교 대상인 입장이라기보다는 음식이나 옷을 고르는 취향과 비슷하다. 실제로, 시각의 정통성을 온전히 인정하지 않는 사람은 편협한 사람으로 간주되는데, 편협하다는 판단은 사람에게 할 수 있는 최악의 평가다. 이 세상에는 유일신만 존재한다는 유대인의 믿음이나 그리스도 안에서 모든 사람에게 하나님의 은혜가 부어진다는 그리스도인의 믿음은 "편협하고 옹졸하며 대책없이 다원성을 부정하는" 것이다. 오히려 사람들이 다원주의 철학(종교?)을 껴안는다면, 자신의 종교적 관점을 다원성이라는 영역으로 가지고 나올 수 있다.

다원주의가 새로운 복음이 되는 과정에서, 다원주의 역시도 어떤 확정적인 신념에 근거하며 진리에 대한 절대 주장을 하고 있다는 사실은 간과된다. "보편적인 관점은 없다"라고 말하는 것 자체가 보편적인 언급이요, 메타내러티브라는 것은 없다고 말하는 것 자체가 메타내러티브다. 모든 절대성을 부인하는 것 자체가 절대적인 확신이다. 사상으로서의 다원주의는 **현실**에서 **당위**로 변질된다. 다양한 관점이 있다는 이유만으로 그 모두를 지지**해야 한다**. 그러나 언제 다양성이 신성한 것이 되었는가? 이런 사고방식은 그 관점을 지지하는 **관점** 배후에 있는 **사람들에게** 귀 기울이고 그들을 존중하려는 욕구에서 비롯된다. 사람과 관점은 동일하지 않다. 그런데도 번번이 우리 문화의 개인들은 사람을 받아들이는 것과 그 사람의 견해나 행위를 지지하는 것의 차이점을 혼동하고 있다. 하나님의 형상을 지닌 인간이기에 각자의 견해를 펼칠 수 있는 기회를 주어야 한다고 믿는다고 해서, 다른 사람들의 말이나 삶의 방식에 무조건 동의해야 하는 것은 **아니다**. 이 두 가지는 전혀 다르다. 편견없이 사람들을 수용하는 사람으로 보이겠다는 일념으로 본인의 윤리적 기준을 내려놓아야 하겠는가? 모든 사상과 행위를 융통성 있게 수용하기 위해 기준 따위는 다 내버려야 하겠느냐 말이다.

완벽한 상대주의자는 아무도 없다. 선과 가치, 보편성에 대해 아무런 전제가 없는 사람은 있을 수 없다. 아동 성추행자의 편을 들어 줄 사람은 별로 없을 것이다. 남의 물건을 훔친 행위는 그저 대안적인 가치관을 보여 준 것이라거나, 어려움을 당한 사람을 도와준 사람이나 그냥 지나친 사람이나 별반 차이가 없다고 이야기할 사람도 드물다. 우리의 가치관으로 우리가 날마다 하는 행동을 예상할 수 있다. 이런 가치관이 전적으로 상대적이라고 믿을 사람은 아무도 없다. 수업 시간에 선생님이 하시는 말씀 그대로 사는 사람은 있을 수가 없다.

더 나아가, 모든 관점이 똑같다고 한다면, 교육이 무슨 소용이 있겠는가? 토론은 무용지물이고, 우리가 나누는 모든 대화 역시 선호도를 드러내는 방식에 불과하다.

따라서 이것을 직접적으로 이야기하는 것이 중요하다. 많은 사람은 다원주의라는 사상에 매우 지쳐 있다. 다원주의는 '순진한' 품행 뒤로 아주 뿌리 깊은 철학적 전제를 숨기고 있다. 때로 이런 위선은 고압적이기까지 하다. 다원주의 이론가들은 본인들이 공격하는 권위주의자들만큼이나 자기 관점에서 독단적일 수 있다. 그들의 행각이 바로 공격이다. 포용이라는 기치를 내걸고 모두를 초대하되, 극단적 상대주의 깃발을 흔드는 자들만

받아들인다. 이 견해는 단순히 윤리적 원칙들에 위협이 될 뿐 아니라, 지적 교류라는 전반적인 개념에 대한 모독이다. 그러면 결국 다원주의를 맹목적으로 따르느라 진정한 확신은 설 땅을 잃고, 이 세상은 정치적으로 올바른, 맹탕 세상이 되고 만다. 이런 세상에서는 진정한 대화가 시시하게 여겨지고 불가능해진다는 것을 염두에 두어야 한다.

하버드 대학교의 윌리엄 페리(William G. Perry Jr.)는 대학생들이 얼마나 자주 마음을 바꾸는지를 두고 오랜 시간에 걸쳐 매우 흥미로운 연구를 실시했다.[5] 페리는 학생들의 사고 **내용**에는 관심이 없고, 사고 **과정** 패턴에 일어나는 변화를 연구하고자 했다. 그는 하버드 대학 학생들이 어떻게 다양성과 다원성을 다루는지에 특히 관심이 있었다. 페리는 학생들에게서 꾸준하고 연속적인 사고 패턴을 발견하고 그 부분을 집중적으로 연구하고 싶어 했다. 페리의 연구는 다른 조건하에서 여러 번 되풀이되면서, 심리학과 교육 분야에서 크게 인정을 받았다. 페리는 학생들의 사고에서 세 가지 폭넓은 인지적 정향(cognitive orientation)을 발견했다. 학생들은 이 가운데 어느 단계에나 갇혀 버릴 수 있지만, 이 단계들을 통과하는 일반적인 발달 과정이 있다.

페리는 하버드 대학교에서 학업을 시작하는 많은 학생들이 초반에 드러내는 인지적 패턴을 '이중 인식론'으로 가장 잘 묘사할 수 있다는 점을 발견했다. 쉽게 말하면, 이 학생들은 사물에 관한 절대 진리를 얻을 수 있으리라는 강한 기대감을 품고 수업에 임했다. 세상은 흑과 백, 선과 악, 참과 거짓으로 확실하게 나뉘고, 회색지대란 것은 없었다. 이런 절대 진리를 제공해 주는 것이 교수의 본분이었다. 이런 수준에서, 완벽한 확실성 그리고 모든 관점에는 어느 정도 수준의 위험이 내재되어 있다는 사실을 부인해야 할 필요성이 있다. 믿음 따위는 필요 없다. 이런 지적 오리엔테이션은 철학자들이 '근본주의'라고 일컫는 신념, 즉 우리가 절대적으로 확실한 기본 원칙 위에 전체 철학을 세울 수 있다는 신념으로 묘사될 수 있다. 증거는 반드시 있어야 한다.

학생들에게 다양한 관점을 소개하자 많은 학생들이 좌절을 느끼며 그냥 누가 옳은지만 알고 싶어 했다. 일부 학생들은 다양한 시각이 존재할 수 있다는 사실을 방어적으로 부인했다. 그러나 결국에는 대부분의 학생들이 일종의 인식론적 위기를 경험하게 되었다. 페리는 이런 현상을 '객관주의의 위기'라고 명명했다. 학생들은 다양한 관점에도 타당성이 있다는 것을 깨닫기 시작했다. 어떤 학생들은 이를 토대로 본인이 원하는 대로 생각할 수 있는 허락을 받은 셈이었다. 아무도 제대로 아는 사람이 없다면, 증거에 상관없이 본인의 의견을 고수하지 않아야 할 이유가 무엇인가? 이 학생들은 모든 사상은 특정 상황에서 비롯된다는 인식을 초월했다. 오히려 모든 사상은 똑같다. 어찌 되었건 아무도 알 도리가 없으니 더 이상 들여다볼 필요가 없다. 모든 견해는 똑같이 타당성이 있다. 일부 학생들은 이런 상대주의를 기려야 할 것이라기보다 절망의 이유로 보았다. 이 학생들은 진리 추구가 끝났다는 사실에 압도당하고 슬퍼했다.

그러나 페리는 많은 학생들이 더 깊은 차원의 발달 단계, 즉 확신을 경험하는 것을 발견했다. 상대주의를 고려해 보니, 학생들은 모든 사상이 등가라는 것을 받아들일 수 없었다. 실제로 다른 사상보다 우월한 사상이 있었다. 이 사상들은 더 포괄적이며, 더 많은 증거가 존재하며, 더 일관성이 있었다. 학생들은 절대 확실성에 대한 낡은 요구가 결코 실현될 수 없으며, 본인의 이치에 가장 맞는 사상에 충성할 수 있다는 것을 인식하기 시작했다. 이 단계의 학생들은 종교적인 견해든 다른 견해가 되었든 기꺼이 모든 견해를 인정하려 했고, 일종의 신앙을 갖기 시작했다. 꼭 완벽한 증거가 있어야만 그 사상에 헌신할 수 있는 것은 아니다. 여기에는 인식된 위험 요소가 있다. 이 믿음은 비합리적이지는 않으나, 이성이 완전히 확정할 수 있는 내용을 넘어설지도 모른다. 간단히 말해서, 이것이 아우구스티누스가 경험한, 이해를 추구하는 신앙 모델이다. 이것은 전제에서 시작하지만, 증거에 맞지 않는 것들은 비교 검토한다. 또 모든 관점은 사회적, 역사적 정황에서 출현하기에, 제한적이다. 그러나 모든 관점은 등가라는 것은 수용하지 않는다. 전적 상대주의는 자기 모순이며, 살아낼 수 없는 철학이다.

많은 권위주의자들은 이중 인식론이라는 페리의 첫 번째 지적 오리엔테이션에 안주한다. 그들은 단순한 열정이 아니라 광신에 가까운 행위로 자기 견해를 변호한다. 절대 확실성을 주장하는 그들의 마음속에는 엄청난 근심이 자리 잡고 있다. 이런 내면의 불확실성을 부인하기 위해, 그들은 다른 사람들의 확실성을 짓눌러야만 한다. 리처드 니버(H. Richard Niebuhr)가 말하듯이, "자기 방어는 모든 생각에 가장 만연한 오류의 근거인데, 특히 신학과 윤리학 분야에서 그렇다."[6] 이것은 '상대주의라는 절대성'을 본인들의 사회적 아젠다 밑에 감추는 많은 다원주의 사상가들에게도 적용된다. 대니얼 테일러의 표현을 따르자면, "가장 적극적인 다원주의자조차도…본인의 관점에서 다른 전망들을 **참작한다**는 이유만으로 다른 전망에 관대한 것처럼 보인다.…대부분의 다원주의자들은 그들이 편협하다고 비판하는 다른 사람들에 비해 **정말로** 다양한 관점에 관대하지는 않다."[7]

권위적이지 않은 대화

살다 보면 누구나 권위적인 사고를 하는 이들을 만나게 마련이다. 나는 그런 상황에 부딪힐 때 활용할 수 있는 몇 가지 전략을 제안하고자 한다. 이 제안을 따른다고 해서 비판주의를 다룰 때 느끼는 좌절과 고민, 반작용을 한꺼번에 **제거할 수 있다**고 주장하는 것은 아니다. 그런 것들을 원천봉쇄할 수는 없다. 하지만 자신의 정체성을 잃지 않고 사는 법을 배우고, 권위주의자들이 우리가 그들과 관계 맺는 방법을 좌지우지하지 못하게 하는 데 진일보할 수 있다. 이것은 물론 쉬운 일이 아니다. 실수할 때도 있을 것이다. 그러나 12단계 프로그램에서처럼, 우리의 목표는 **완벽이 아니라 발전이다**.

놀라지 말라. 우리는 권위주의자들의 사고방식을 기억해야 한다. 그들의 파괴적인 비판과 편리한 분류, 모욕적인 꼬리표 붙이기 등에 놀라서는 안 된다. 어쨌거나 이것이 권위적인 사고의 본성이다. 엄격한 양자택일의 판결은 권위주의자들의 사고 세계의 일부일 테니, 우리는 거기에 충격을 받지 말고 스스로 대비해야 한다. 이것이 현실이다. 사람들이 이런 식으로 사고할 수도 있다는 사실에 간담이 서늘해지거나 크게 상처를 받거나 놀라는 것은 별 도움이 되지 않는다. 비판주의가 사라진 세상은 불가능하다. 맘에 들지 않더라도 그것을 현실로 받아들여야 한다.

우리는 권위적인 사고와 어쩔 수 없이 맞닥뜨릴 수밖에 없다는 사실을 잊기 쉽다. 건강한 사람이라면 어떻게 서로 관계를 맺어야 하는지를 염두에 둘지도 모른다. 그리고 세상 모든 사람들이 대인관계에 대해 이와 똑같은 견해를 가지고 있다고 무의식적으로 기대할지도 모른다. 그러다가 권위적인 사고를 맞닥뜨리면 경악을 금치 못한다. 생각을 그냥 내버려두면, 하루 종일 그 만남을 반복해서 숙고할지도 모른다. "그들은 그렇게 행동할 권리가 없어!" 너무 충격이 큰 나머지 다른 생각을 할 수조차 없을 지경이다. 주의하지 않으면, 이런 사람을 만난 불행한 사건 때문에 그날 하루를 망칠 수도 있다. 그러나 권위적인 사고가 미치는 더 큰 문제가 있다. (1) 이런 사람이 세상에 존재한다는 충격과 분노, (2) 그런 사람을 굳이 상대할 필요가 없는 권리가 우리에게는 있다는 신념. 우리는 세상에 어떻게 이런 사람이 있을 수 있냐는 분노를 삭이지 못해 쓸데없는 스트레스를 자초한다.

다른 관점을 접하라. 할 수 있을 때마다 권위주의적인 사람들을 격려하여 다른 견해를 접하게 하는 것이 도움이 된다. 선한 의도에서 대안적 견해를 지닌 사람들을 만나면, 자신이 진리를 소유하고 있다는 확신이 조금은 풀어질 수도 있다. 이들이 다른 견해를 주장하는 선의의 사람들을 접촉하고 교제할 경우, 무조건 상대방이 틀렸다고 간주하기는 쉽지 않을 것이다.

다른 관점을 취하라. 흑백 논리를 지향하는 사람들에게 다른 사람들의 견해를 취해 보게 한다. 다른 사람들이 어떻게 그런 관점에 도달하게 되었는지 생각해 보라고 권위적인 사람들에게 물어 볼 수 있다. 권위주의자들이 다른 사람들의 삶과 사고의 정황을 보기 시작하면 본인의 사고 또한 특정 상황에서 비롯되었으며 한계가 있다는 사실을 깨닫기 시작할 수 있다. 앞에서 이미 살펴보았듯이, 권위주의자들은 관점 획득 역량이 부족하다. 그들은 역지사지의 훈련이 필요하다. 그러면 아마도 모든 사고, 특히 궁극적인 문제에 대한 사상조차도 특정한 한정된 지점에서 일어난다는 점을 알아차리기 시작할 것이다. 사실 모든 사람이 사물을 희미하게 본다.

다음과 같은 질문들이 권위주의자의 판단을 간파하는 데 도움이 될 것이다. "상대방에게 그 일이 벌어졌을 때 그 사람이 어떤 감정을 느끼고 체험을 했으리라고 생각하십니까?" "상대방이 어떻게 해서 당신 보기에는 얼토당토않은 이런 생각을 하게 되었다고 생각하십니까?" "당신이 그 사람의 입장이라면, 어떤 부분이 가장 힘겨웠을까요?" 이런 질문들은 권위주의자들을 다른 사람들의 세계로 인도하기 위해 의도된 것이다. 다른 사람의 입장에 서면, 그렇게 쉽게 남을 비판할 수는 없을 것이다.

그들의 두려움을 이해하라. 권위적인 사고를 다룰 때 그들 또한 근심 걱정의 피해자일 수도 있다는 사실을 기억해야 한다. 우리는 겉으로 드러난 과장된 자아 이면의 불안감을 볼 수 있어야 한다. 두려움이 분노를 낳을 때가 많다. 안정감을 향한 갈망은 중독과 비슷한 구석이 많다. 실제로 절대적 확실성은 마약처럼 기능할 수 있다. 권위주의자들은 본인의 거대한 계획에서 아주 사소한 문제가 전체를 망칠 수 있다고 믿는다. 그렇기 때문에 질문을 받으면 적대적으로 돌변한다. 스스로 구축한 세계를 고치고 싶은 생각이 없다. 우리의 신념 체계에 도전하며 안정감의 기반을 흔들어 놓는 상대를 반길 사람은 아무도 없다. 그런데 권위주의자들은 이런 도전을 특히 견디지 못한다. 그래서 토론은 싸움으로 변질되고, 대화는 정복에 잠식당하며, 이기는 것이 추구보다 더 중요해진다. 권위적인 사고의 소유자를 만나면 이렇게 조용히 자문해 보는 것이 좋을 듯하다. "너는 무엇을 두려워하느냐?" 이처럼 숨겨진 두려움에 초점을 맞추면 상대방을 측은히 여기는 마음이 생긴다.

그들의 의심을 파악하라. 우리는 또한 권위주의자들이 우리의 불확실성에 반발할 때 본인의 불확실성을 부인하는 데서 이런 반응이 나왔다는 점을 잊지 말아야 한다. 우리의 의심이 곧 그들의 의심일 수 있다. 사실상 권위적인 사고는 자기 내부의 불확실성과 늘 싸우고 있다. 이것을 인정하지 못하기에 그 의심을 외면화하고, 다른 사람에게서 발견되는 의심에 공격을 가한다. 본인의 내면에서 받아들일 수 없는 것을, 불편한 질문을 제기하는 누군가에게 투영하는 것이다.

우리의 선이해에 맞서라. 모든 사람에게는 근원이 있다는 사실을 인지해야 한다. 다시 말해서, 인간의 관점은 늘 본인의 과거를 형성하는 독특한 영향력에 의해 빚어진다는 점을 온전히 이해해야 한다. 우리가 나누는 모든 대화에는 개개인의 역사가 개입한다. 그 역사는 우리가 삶을 바라보는 관점에 영향을 미치게 마련이다. 그래서 각 사람의 시각은 다를 수밖에 없다. 그러므로 시각이 빠진 견해, 아무 배경이 없는 사람, 완전히 중립적인 사람은 없다. 지금까지 살아 온 사람이라면 각자에게 독특한 여러 요인의 영향을 받았을 수밖에 없다. 인간은 객관적인 계산기가 아니다. 우리는 삶에 깊이 개입하고 있다. '선이해' 또는 모든 대화에 개입하는 독특한 관점이라는 것이 없는 사람은 있을 수가 없다. 다른 사람을 만날 때 아무것도 없는 상태에서 출발하는 사람은 없다. 사실, 과거에서 습득한 지침이 되는 틀이 없다면, 인간은 다른 사람의 경험을 이해할 능력조차 없을 것이다.

권위적인 사고의 소유자는 스스로 완전히 객관적이고 중립적인 위치에서 이야기한다고 주장한다. 그러나 이것은 불가능한 일이다. 인간은 누구나 특정한 시간과 장소, 언어의 소산이다. 이런 사회적, 역사적 한계를 사과할 필요는 없지만, 이것을 무시하고 완전히 초탈한 객관적 입장에서 이야기하는 흉내를 내서도 곤란하다. 인간에게는 시공을 초월한 견해란 있을 수 없다. 어느 정도 개인의 전제에서 거리를 둘 수 있을지는 몰라도, 완전히 그것을 제거하기란 불가능하다. 그런 전제들은 우리가 미처 깨닫지 못하는 사이에 몰래 접근하여 영향을 준다.

내가 이런 이야기를 하는 것은 "나는 있는 그대로 말했을 뿐이야!"라는 말을 자주 듣기 때문이다. 그들의 정직한 태도는 높이 사지만, 남들처럼 그들도 자기만의 정신적 필터로 세상을 해석한다는 사실을 깨닫지 못하는 것 같다. 이 필터는 그들 고유의 것이어서, 다른 사람들의 필터와는 다르다. 다시 말하지만, 사람은 모두 나름의 생각을 가지고 대화에 임한다. 비판주의는 늘 이 점을 잊고 다른 사람에게 반발하는데, 그 사람들은 우리가 당연히 여기는 전제들과는 다른 세계에서 왔기 때문이다. 하지만 절대 진리를 늘 완벽하게 확신할 수 있는 사람은 없기에, 우리는 겸손하게 다른 사람들의 견해와 관점에 귀를 기울여야 한다. 본인의 경험과 정보를 바탕으로 확신을 가질 수는 있지만, 새로운 사고방식에 열린 자세를 견지해야 할 것이다.

다른 사람들의 경험을 인정해 주라. "내가 경험해 본 적이 없으니 그런 일은 있을 수 없다"라는 태도를 버려야 한다. 이런 태도는 제한적일 수밖에 없는 자신의 경험을 격상시켜 **모든 경험의 최종 기준으로 삼는다.** 다른 사람들은 우리로서는 전혀 알지 못하는 경험을 가지고 있다는 사실을 주기적으로 상기하는 편이 좋다. 우리의 경험이 틀을 제공해 주지만, 그것이 만인을 위한 최종 준거틀이 될 수는 없다. 경험을 활용하여 이해를 넓힐 수는 있지만, 본인의 경험을 지나치게 확장하면 오해를 불러올 수 있다.

때로 나는 상대방이 무슨 이야기를 하는지 전혀 감을 잡지 못하다가, 나중에서야 나도 그와 같은 경험을 하고 난 후에 그 사람의 말뜻을 이해하게 된 경우가 있다. 그때는 알지 못했지만 지금은 확실히 안다. 그 당시에는 상대방이 이상하다고 생각했지만, 지금은 충분히 이해한다. 대부분의 사람들이 이런 경험을 한 적이 있을 것이다.

대화의 진짜 목적에 집중하라. 대화를 하다가 논쟁이 발생할 수는 있지만, 논쟁을 위한 논쟁을 할 필요는 없다. 진리와 상호 존중에 대한 헌신을 바탕으로 논쟁이 이루어져야 한다. 달리 표현하자면, 논쟁에서 이기는 것보다 이해의 폭을 넓히는 것을 더 우선시해야 한다는 말이다! 승부에 대한 집착 때문에 특정한 주제로 대화하는 기쁨을 빼앗겨서는 안 된다. 점수 득실을 기록할 필요가 없다. 그러나 사람들은 대부분 자신의 기본적인 확신에 빠져 있으므로 이것은 결코 쉬운 일이 아니다. 하지만 '반대자'를 굳이 이겨야 한다는 마음을 버리고 대화 상대와 통찰력을 얻는 데 집중한다면, 진정한 진보를 기대할 수 있다.

권위주의자들에게는 권위적인 태도로 응수하는 것이 가장 쉬운 방법일 것이다. 그러나 삶의 궁극적인 목적은 권위주의자들의 허울 좋은 외양을 깨뜨려 그들의 불안정한 본색을 드러내는 것이 아니다. 권위주의자들을 인식력에 문제가 있는 사람으로 취급하는 것이 아니라, 상대방을 배려하는 대화를 통해 그들을 더욱 인간다운 모습으로 초대하는 것이다. 상대방과 의견은 달라도 얼마든지 그 사람을 지지해 줄 수 있다. 상대방을 배려하지 않는 논쟁은 진리 추구에 아무런 도움이 되지 않는다.

7장

열린 마음과 너그러운 가슴을 품은 '은혜 충만한' 삶

지금까지는 우리 자신과 타인에게 비판적인 태도를 줄일 수 있는 몇 가지 방법에 초점을 맞추었다. 또한 자기 용납을 증진하고 유지하도록 돕는 몇몇 방안도 제안했다. 하지만 나의 한 가지 신념만큼은 분명히 하려 했다. 자기 힘으로 스스로를 완벽하게 용납할 능력이 있는 사람은 아무도 없다는 것이 그것이다. 본인이 부족하다는 의구심이 들기 시작하면 혼자 힘으로는 도저히 회복 불가능하다. 거절이라는 암흑의 세력은 너무도 강력하다. 겉으로는 용납의 문제를 해결한 듯 **행동할** 수 있을지 모르지만, 마음속 깊은 곳에서는 초월적 근원만이 가져다줄 수 있는 용납을 갈망할 것이다. 아직 본인 자신의 증거가 의심스러운데 "나는 괜찮다"라고 선포하는 것이 무슨 도움이 되겠는가? 그럴 때 나는 집요하게 스스로 자기 용납을 이루고자 시도할 수도 있다. 이렇게 필사적으로 노력하면서 다른 사람들과 거리를 유지하고 싶어 할 수도 있다. 하지만 모든 개인의 치유는 용납의 관계라는 상황 속에서 시작된다. 다른 사람의 도움 없이 혼자서는 자기 정죄감에서 빠져나오기 어렵다.

은혜의 공동체

스스로를 심리적으로 구원할 수 없는 이런 무능력은 모든 인간이 지닌 한계다. 그런데도 우리는 인간의 유한성에 반발하며 다른 사람의 도움은 필요 없다고 말한다. 하지만 아무리 개인의 역량을 발휘한다 해도 스스로 부족하다는 느낌을 지우기는 힘들다. 손쉬운 자가치료 요법 따위는 없다. 아무리 애를 써도 혼자서는 효과가 없다. 우리에게 없는 것을 내놓을 수는 없는 법이다. 자기 판단적 태도는 너무나 강력하다. 그러나 우리의 인간적인 노력은 쓸모없어도, 하나님은 우리를 받아주신다. 대니얼 데이 윌리엄스는 이런 경험을 다음과 같이 묘사한다.

> 이 힘은 바로 은혜다. 은혜는 "용기를 내라", "윤리적 의지를 발휘하라"는 명령이 아니라 초청의 형태를 띤다. 혼자서는 속박에서 헤어날 수 없다고 자신의 무능력을 고백하고, 값없이 주신 사랑에 마음을 활짝 열라는 초청이다. 그 사랑은 결코 우리를 포기하지 않으며, 우리를 사랑하시는 하나님을 신뢰하기만 하면 아무 대가 없이 우리에게 주어진다.[1]

이 은혜를 받을 만해서, 혹은 스스로 노력해서 손에 넣었다는 것을 증명하는 것이 우리가 할 일은 아니다. 오히려 가만히 서서 그 은혜를 받고, 이 새로운 현실을 경축하며, 그 은혜에 힘입어 감사의 삶을 살아가는 것이 우리의 할 일이다.

그러나 우리가 받아들여졌다는 개념은 지극히 추상적이어서, 구체적인 형상으로 드러나지 않는 한에는 도무지 믿기지가 않는다. 용납되었다는 모호한 개념만으로는 행동의 변화가 일어나지 않는다. 조셉 쿡(Joseph Cooke)은 이 점을 훌륭하게 설명해 준다.

주변에 우리를 정말로 아는 사람이 없다거나 있는 모습 그대로 사랑해 주는 사람이 없다거나 우리의 필요를 채워 주는 사람이 아무도 없는 상황이라면, 하나님이 우리를 받아주신다는 사실을 진정으로 깨닫기란 불가능하다. 은혜는 전적으로 이론으로만 존재하기에, 소원 성취의 환상적 세계나 공허한 이지화(intellectualization: 정서적으로 위협이 되는 상황을 추상적이고 지적인 용어를 사용함으로써 초연하게 보이려는 시도—역주)에서나 존재한다. 반면에 율법주의나 비은혜, 자신이 무가치하다는 인식이나 거부감은 실재한다. 우리는 매일의 일상에서 그런 감정들을 생생하게 경험한다. 주변 사람들이 우리를 무시하고 정죄하고 비판하고 좌절하게 만든다면 하나님의 무조건적인 사랑과 용납을 받아들이기가 쉽지 않다. 은혜를 실감하려면, 우리를 만나러 뛰어오는 발과 우리에게 내미는 손, 우리를 바라보는 눈, 우리에게 말하는 입술, 우리를 사랑해 주고 우리에게 일어나는 일들에 깊은 관심을 보여 주는 마음이 존재해야 한다.[2]

자기 비판주의는 주변 사람들의 비판과 부정적인 말을 주식으로 삼는다. 냉소적이고 비판적인 태도는 인체에 침입한 바이러스와도 같다. 두려운 나머지, 다른 사람들의 부정적인 언급을 자기 공격 수단으로 삼는다. 주변의 비판적인 사람들은 우리 자신의 비판주의를 강화할 수 있는 더 큰 무기를 제공해 준다.

그러므로 은혜의 공동체에 소속되는 것이 중요하다. 거기서 맺는 관계가 우리를 세워 준다. 우리는 자신을 받아들임으로써 타인에게도 용납될 수 있다. 다시 말해서, 우리를 타인에게 알리고 우리가 그들에게 용납될 만한 사람이라는 사실을 발견하면, 스스로를 받아들이기도 더 쉬워진다. 이 공동체는 비판주의에 대항할 수 있는 수단을 공급해 주는 중요한 역할을 한다. 친구의 미소를 바라보며 우리가 용납될 수 있다는 가능성을 본다. 우리를 존귀하게 대해 주는 사람들 사이에서 자기 자신을 신뢰하는 법을 배운다. 다른 사람에게서 존중받을 때 스스로의 가치를 깨닫는다. 은혜가 다스리는 교회에 속한 사람들은 거절감이라는 두려움에 빠지지 않고도 스스로를 바라볼 수 있다. 윌리엄 호던(William Hordern)은 예수님이 "너희가 나를 사랑하면, 나의 계명을 지키리라"(요 14:15)라고 말씀하신 데 주목한다. "이와 반대로, 율법은 늘 '너희가 나의 계명을 지키면, 내가 너희를 사랑하리라'라고 말한다"[3]는 것이다. 하나님의 은혜는 우리가 우리 자신의 가장 추한 모습을 보고도 여전히 용납될 수 있다는 깊은 확신을 제공해 준다. 우리는 처음부터 만사가 아무 문제 없으리라는 점을 알 수 있어야 한다. 우리를 집요하게 공격하는 비판의 목소리를 듣지 않고도 우리 자신의 결점을 마음껏 탐색하고 고백할 수 있다. 우리가 어떤 사람인지 살펴보는 위험을 얼마든지 감수할 수 있다. 우리 속사람이 어떻든지 간에 이미 용납되었다는 이 깊은 확신을 소유해야 한다. 긍휼과 사랑이 신비의 커튼을 열어젖혔다. 우리가 어떤 존재인지 깊이 깨달으려면 반드시 은혜가 필요하다. 은혜는 치유하는 용서와 변화의 동기를 부여하고 우리의 전 존재를 껴안으며, 온전히 사랑할 수 있게 격려해 준다. 우리는 자신의 결점에 목맬 필요가 없고, 기쁘고 감사한 마음으로 우리를 용납하신 그분께 반응하기만 하면 된다.

많은 사람들이 비판을 예상하며 살아가기 때문에 이것은 특히 중요하다. 남의 웃음거리가 되고 수치를 당한 과거의 경험 때문에 사람들은 주눅이 들어 있다. 그래서 환영받지 못할 자리에는 아예 발을 들여 놓지 않고, 상대방이 조금이라도 거부하는 듯한 낌새가 보이면 비밀을 털어놓지 않는다. 그러나 하나님의 은혜는 자기 발견의 문을 열어 준다. 또 우리가 진정으로 용납을 경험하면 다른 사람도 용납하고자 하는 마음이 생긴다. 용납에서 긍휼과 감사가 비롯된다. 은혜는 우리가 받은 생명을 되돌려 주고픈 갈망을 준다.

은혜의 공동체는 성장과 영적 발달이라는 건전한 비전을 제공해 준다. 반대로, 혹평은 타인의 잘못을 먹고 산다. 대개 우리의 지성이 전혀 활동하지 않고, 우리 자신의 영적, 정서적 성장에도 무관심할 때 비판주의도 최고조에 이른다. 이런 공허함을 채우기 위해 우리는 타인에게 집착한다. 남들을 무차별 공격함으로써 본인의 권태를 날려 버리는 게 취미가 된다.

그것이 상대적으로 수고도 덜하고 손쉬운 대화이기 때문이다.

은혜의 공동체는 비판할 기회보다는 긍정적인 행동과 사고를 격려한다. 언젠가 참석했던 워크숍에서 목회자이자 심리치료사인 웨인 뮐러(Wayne Muller)가 한 말이 기억난다. 그는 놀라서 달아나는 코끼리가 마을을 쑥대밭으로 만들 뻔한 사건을 이야기해 주었다. 긴 코를 어딘가에 고정시키고 난 뒤에야 코끼리는 비로소 안정을 되찾았다.[4] 마찬가지로, 인간의 마음도 무언가 붙잡을 만한 것, 희망적이고 긍정적인 기초가 필요하다. 그렇지 않으면 인간의 사고는 부정적이고 파괴적일 수밖에 없다. 우리 마음이 진선미를 비롯한 건전한 가치를 추구하지 않는다면, 비판적이고 악한 사고의 맹공에 취약해진다.

같은 내용을 이렇게도 설명해 보자. 긍정적인 마음은 쓸데없는 비판주의에 시간과 에너지를 허비할 짬이 없다. 주변 세상을 평가하는 건강한 방법을 모색하느라 바쁘기 때문이다. 지평을 넓히고 성장하며 향상하고자 하는 욕구가 훨씬 더 중요하다. 이런 큰 목표를 좇느라 남 탓이나 하고 있을 시간이 없다.

은혜의 공동체는 우리로 하여금 자신의 고민과 결점을 인식할 수 있도록 돕는다. 본인의 어두운 측면을 인식하고는 힘이 빠지거나 수치스러워하는 것이 아니라, 인간의 한계를 분명히 지각하는 것이다. 본인의 약점을 인식하기 때문에 다른 사람들의 약점도 제대로 볼 줄 안다. 다른 사람들의 실수가 남 일 같지 않다. 다른 사람들에 대한 비판적 반발은 대부분 자신의 모습을 제대로 볼 줄 모르기 때문이다. 자기 문제를 제대로 인식하지 못한 채, 우리와 같은 문제를 가진 다른 사람들을 공격하는 것으로 본인의 염려를 지우려 애쓴다. 자신의 잘못을 더 많이 깨닫고 인정할수록, 남을 공격할 일도 줄어든다.

우리가 비틀거릴 때 은혜의 공동체가 그 비전과 희망을 보여 준다. 대니얼 테일러는 이렇게 말했다.

> 때로 인생의 문제가 너무 크게 느껴지는 바람에, 잠시나마 나와 이 세상을 향한 하나님의 사랑을 신뢰하지 못하는 경우가 종종 있다. 인간적으로는, 성경에 나오는 수많은 믿음의 선조들처럼, 나 역시 하나님께 절망하거나 분노할지도 모른다. 바로 그때, 당신이 나를 위해 믿음을 지켜 주어야 한다. 내가 잘 믿고 있다고 우기지 마라. 짐이 무거워 쓰러진 노새를 채찍질하지 마라. 내 짐을 덜어 주기 위해 할 수 있는 일을 한 다음, 내가 힘을 회복할 때까지 참을성 있게 기다려 주라. 그러면 언젠가 나도 당신을 위해 똑같은 일을 담당할 수 있을 것이다.[5]

은혜의 공동체는 우리가 영혼의 어두운 밤을 지나는 동안 지지해 주고 돌봐 준다. 우리의 마음이 무너져 내릴 때나 분노하거나 절망할 때 우리를 버려 두지 않는다. 은혜의 공동체는 우리에게 솔직하기를 바랄 뿐, 우리의 의심하는 마음에도 위축되지 않는다. 그저 위기에서 벗어나라고 말해 주는 것이 아니라, 위기를 통과하는 동안 내내 우리를 지지해 준다.

은혜의 공동체는 사려 깊게 공감해 준다. 다른 사람의 감정 상태를 이해하는 능력은 우리가 배우고 계발해야 할 기술이다. 사람들은 '남이 느끼는 것을 나도 똑같이 느끼는 것'을 공감이라고 생각한다. 그러나 경우에 따라서는 그것이 오히려 공감에 방해가 되기도 한다. 상대방의 감정을 똑같이 느끼는 것이 중요한 것이 아니라, 다른 사람의 감정을 이해하는 것이 중요하다. 물론 다른 사람의 감정을 이해하면 우리도 같은 감정을 느낄 수는 있겠지만, 이것이 감정 훈련이라기보다는 정신 훈련이자 사고 훈련이라는 점이 중요하다. 이것은 우리가 다른 사람의 입장이 되어 상대방의 관점을 취하는 것이다. 앞에서 이미 언급했듯이, 이것이 곧 상대방의 의견에 무조건 동의한다는 뜻은 아니다. 하지만 상대방이 왜 그렇게 생각하고 느끼는지 볼 줄 아는 시야가 확장된다.

이 점을 특별히 강조하고 싶은 까닭은, 자신은 정서적인 사람이 아니라서 공감 능력이 떨어진다고 느끼는 사람이 많기 때문이다. 공감은 타고나는 기술이라고 생각하는 사람도 있다. 하지만 실제로는 공감은 배우고 가르칠 수 있는 능력이다. 공감하는 능력을 타고나지 못했다고 느끼는 사람도 있겠지만, 사람은 누구나 훈련을 통해 관점 획득 능력을 발달시킬 수 있다.

남의 **행동**을 비판하기 전에 먼저 **사람**을 이해하려고 노력하면 도움이 된다. 모든 행위는 어떤 상황에서 비롯된다는 사실을 늘 염두에 두어야 한다. 그러므로 우리가 그 상황을 잘 알지 못한다면, 판단을 보류하는 편이 현명할 것이다. 내 형편을 잘 알지도 못하는 사람이 나를 비판한다면 얼마나 불쾌하겠는가? 이것이야말로 대접받고 싶은 대로 남을 대접할 수 있는 절호의 기회다. 또 이것은 다른 사람들과 우리가 공유하는 인간적인 면을 깨닫고 우리도 얼마든지 똑같은 실수를 저지를 수 있다는 사실을 인식하는 계기가 된다. 나는 "익명의 알코올 중독자 모임"에서 빌(Bill W.)이 한 말에 특히 공감한다.

> 마지막으로, 우리는 우리 자신을 포함한 모든 사람이 종종 옳지 못할 뿐 아니라 어느 정도는 정서적으로 온전치 못하다는 사실을 깨닫기 시작한다. 그제야 우리는 진정한 관용에 접근하여 동료를 향한 진짜 사랑이 무엇인지 깨닫기 시작하는 것이다. 계속해서 나아질수록, 우리와 똑같이 성장통으로 고생하는 사람들에게 분노하거나 상처받을 필요가 전혀 없다는 사실이 분명해질 것이다.[6]

공감은 우리에게만 남을 비판할 "특별한 자격이 주어졌다"는 의식보다는 우리도 남과 똑같은 인간이라는 깨달음을 가져다준다.

공감은 다른 사람들이 자기 모습 그대로를 내보일 수 있는 편안한 공간을 제공해 준다. 사람은 누구나 어려운 문제가 생겼을 때 달려가 도움을 요청하고픈 지인을 한두 명 꼽을 수 있다. 그런 사람들의 한결같은 특징은 편안하고 비판적이지 않으며 우리를 안심시켜 준다는 것이다. 그들과 함께 있으면 안심이 된다. 그들에게는 안심하고 우리 생각과 감정을 털어놓을 수 있다. 자기 검열 따위는 필요 없다. 간단히 말해서, 우리를 괴롭히는 문제를 충분히 검토해 볼 수 있을 만큼 편안하게 느끼는 것이다.

은혜의 공동체는 환대를 베푸는데, 헨리 나우웬은 환대라는 말을 다음과 같이 잘 설명해 주었다.

환대는 무엇보다 낯선 사람이 들어와서 적이 아닌 친구가 될 수 있는 자유로운 공간을 만들어 주는 것을 의미합니다. 또한 사람들을 변화시키는 것이 아니라 변화가 일어날 수 있는 자리를 그들에게 제공하는 것입니다. 환대는 사람을 우리 옆으로 데려다 놓는 것이 아니라 선을 그어 줌으로 침해당하지 않는 자유를 그 사람에게 주는 것입니다. 환대는 선택할 다른 대안이 없는 구석으로 이웃을 몰고 가는 것이 아니라 폭넓게 선택할 수 있도록 장을 열어 주는 것입니다.…환대의 역설적인 부분은 그것이 빈 공간(emptiness)을 만들어 내고자 한다는 점입니다. 그 빈 공간은 우리를 두렵게 만드는 빈 공간이 아니라 낯선 사람이 들어와서 자신이 자유롭게 창조되었다는 것을 발견할 수 있는 빈 공간, 즉 마음대로 자신의 노래를 부르고 자신의 말을 하고 춤을 출 수 있으며 마음대로 자신의 소명을 버리거나 추구할 수 있도록 창조되었다는 것을 발견할 수 있는 우정 어린 빈 공간입니다. 환대는 주인의 생활방식을 받아들이라는 미묘한 권유가 아니라 손님이 자신의 생활방식을 발견할 수 있는 기회를 주는 것입니다.[7]

환대는 다른 사람들이 자신의 있는 모습 그대로를 드러낼 수 있도록 초청하는 것이다. 환대는 자유와 자기 용납을 격려한다.

확신과 돌봄, 거리낌 없는 대화

정중하고 친절하고 공감하는 대화를 하는 사람이라고 해서 그에게 분명한 확신이 없다는 의미는 **아니다**. 오히려 모든 사람은 각자 나름의 확신을 갖고 있기 마련이고, 나름의 신념이 없는 사람은 없다. 모든 사람은 나름대로 무언가 의지하는 구석이 있다. 그리스도인은 복음에 대한 충성에 대해 굳이 사과할 필요가 없다. 오히려 그것을 소망의 근거로 경축해야 할 것이다. 인정이 많은 것과 확고한 확신을 가진 것은 모순된 것이 아니다. 하나님의 사랑이 인생의 가장 기본적인 실재라고 믿는다면 더더욱 그렇다. "사랑 **안에서** 진리를 말하라"(표준새번역)라는 바울의 말은 곧 진리를 말하라는 권면이다. 어떤 희생을 치르더라도 소극적으로 평화를 추구하는 갈등 회피 전략은 도움이 되지 않을 것이다. 갈등과 논쟁이 없는 세상에 대한 희망은 일찌감치 접어야 한다. 데이비드 옥스버거는 그 점을 이렇게 잘 표현했다.

> 평화를 바라는 마음은 긴장과 스트레스, 염려를 회피하려는 바람으로 변질될 수 있다. 하나가 되기를 바라는 마음은 모든 차이와 갈등과 다양성이 사라진 상태를 바라는 마음이 될 수 있다. 용납을 바라는 마음은 아무런 비판도, 부정적인 말도, 대결도 없는 상태를 요구하는 것이 될 수 있다. 조화를 바라는 마음

은 아무런 분노나 자극, 적대적인 감정을 느끼지 않으려는 시도에서 비롯될 수 있다. 사랑을 바라는 마음은 통제하고 조종하고 지배하려는 감정으로 왜곡될 수 있다. 적임자가 되려는 마음은 친절, 슬픔, 고통 같은 감정은 억압하고 부인해야 한다는 신념으로 표출될 수 있다.[8]

솔직히 말해서, 우리가 나누는 많은 대화가 적대적이다. 어째서 우리가 하는 말이 다 거기서 거기인지 이해하기 위한 갈등 회피 전략은 효과가 없을 것이다. 재치 있고, 다른 사람을 배려하며 열린 태도를 유지할 수 있을지는 몰라도, 아무리 잘 표현한다 해도 그리스도인의 확신은 다른 사람들의 기분을 상하게끔 하게 되어 있다. 그 확신이 벽장에 갇혀 개인의 영적 취미로만 다루어진다면야 아무런 문제가 없겠지만, 이런 확신들이 우리의 세계관에 진지한 영향을 미친다고 여겨지는 바로 그 순간부터 문제가 생긴다. 안타까운 사실은, 호전적이며 자기 의에 가득 찬 교만한 태도로 기독교 메시지를 전달하는 일부 그리스도인들 때문에 문제가 더 악화된다는 것이다. 열린 마음을 중요시하는 그리스도인들은 텔레비전 화면에 비친 기독교의 모습에 경악할 수밖에 없다. 그러니 일반 대중이 기독교는 지적으로 변증 불가능한 종교라고 생각하는 것도 당연하다. 나는 마크 놀(Mark Noll)처럼 지성으로 하나님을 사랑하지 않는 그리스도인들을 비판하는 기독교 사상가들에 경의를 표한다.[9] 일부 매스컴에 비친 모습이 기독교 전파에 미친 부정적인 영향은 참으로 안타까운 일이 아닐 수 없다. 그러므로 우리는 일반 대중이 기독교의 진면목을 제대로 알고 있으리라고 넘겨짚지 말고, 이처럼 왜곡된 기독교의 이미지와 선입견에 대비해야 한다.

은혜의 메시지는 삶에 아무런 문제가 없는 사람들, 또 본인의 염려와 고통을 회피하기 위해 비판주의를 방편으로 삼는 사람들에게는 그다지 큰 의미가 없으리라는 점을 염두에 두어야 한다. 윌리엄 호던이 말해 주듯이, "용서의 필요성을 느끼지 못하는 사람에게는 죄 용서가 기쁜 소식일 리 없다."[10] 그런가 하면, 돈 브라우닝(Don Browning)은 그 점을 이렇게 표현했다.

> 올바른 윤리 행위의 성격을 철저하게 고민해 보지 않은 사람은 용서의 의미를 이해할 수 없다. 먼저 율법을 알고 묵상하며 그 율법을 지키려고 애써 보지 않은 사람은 율법의 저주에서 구원받을 수 없다.[11]

우리는 값싼 은혜를 목표로 하지 않는다. 패배감을 맛보지 못한 사람에게는 용납의 메시지가 큰 의미가 없을 것이다. 사람마다 조금씩 정도의 차이는 있을지 몰라도, 모든 사람은 절망적인 상태다. 이 현실은 예나 지금이나 변함이 없어서, 은혜를 악용하려 하거나 본인에게는 자동적으로 은혜가 주어졌다고 느끼는 사람들을 바울도 많이 만났다(롬 5:20; 6:1-2).

진정한 그리스도인이라면 다른 사람을 배려하면서도 예언자적인 목소리를 내야 한다. 남을 지지하고 격려하고 용납해야 하는가 하면, 다른 한편으로 도전을 주고 직면하고 초청해야 한다. 사람들을 양육하고 불의에 맞서야 한다. 하나님이 주신 사람들의 잠재력을 유심히 관찰하면서도, 사람들이 **현재** 어느 정도 수준에 와 있는지 온전히 깨닫고 있어야 한다. 교만한 겉모습을 뚫고 들어가, 과대성 이면에 숨은 겁에 질린 불안정한 사람을 볼 수 있어야 한다. 또 사람들이 자기 약함을 보고 하나님께 온전히 의지할 수 있도록 권면해야 한다. 그리스도인들은 사람들이 실수할 때 안전한 은혜의 그물망을 제공하는 한편, 그들의 우상숭배에 도전하고 그것을 깨뜨려야 한다. 반면, 방종을 허용하는 값싼 은혜의 미명하에 무책임한 삶을 살게 해서는 안 된다. 은혜는 사람들을 전폭적으로 용납하는 동시에 변화의 동기를 부여한다. 개인과 사회에 파괴적인 요소를 지적하는 것을 멈춰서는 안 된다.

　진정한 그리스도인의 목소리는 세상이 계속해서 악화되는 것을 보고도 '방관자처럼 무관심하게' 굴지 않는다. 다른 사람의 윤리적 삶을 단속하는 것이 주요 업무는 아니지만, 중요한 윤리적 문제에 목소리를 내는 것을 두려워하지 않는다. 수많은 '관대한' 관점들이 각자의 견해를 큰 소리로 퍼뜨리는데도, 독단적으로 보일까 봐 두려워 침묵을 지키는 일은 허용하지 않을 것이다. 자신의 관점이 믿음에서 시작된다는 것을 기꺼이 인정하면서도 다른 모든 사람의 견해 역시 무언가에 대한 믿음에서 시작된다는 것을 알려 준다. 그 믿음을 더 잘 이해하는 수단으로 이성을 활용할 것이다. 공적 담론에서 공정하고 남을 존중하기 위해 애쓸 것이다. 그러나 유대기독교적 관점이 편파적인 데 비해 세속적 관점은 '완전한 객관성'을 지닌다는 생각을 거부할 것이다. 복음의 왜곡된 이미지가 미친 피해를 깨끗이 인정하면서도, **또한** 종교에 대한 맹공격 가운데 유리한 편에 가담하지 않고 기독교가 서구 세계에 공헌한 부분을 알려 주기도 할 것이다. 일부 유감스러운 기독교의 행태가 심리적으로 큰 폐해를 남겼다는 사실은 인정하면서도, 기독교 전통의 유산이 아주 만족스러운 삶으로 인도할 수 있다는 주장을 펼칠 것이다.

최근의 문화적 상황은 우리로 하여금 인신공격과 비판적인 말을 그치고 사랑 안에서 진리를 말할 기회를 준다. 제임스 데이비슨 헌터는 오늘날의 토론에 빈번하게 등장하는 양극단의 악의를 생생하게 묘사한다.

양측의 공적 토론에 드러나는 수사법은 너무 비슷해서 조롱과 혐오라는 목적을 확인하지 않고서는 두 연합이 이야기하는 내용을 구분하기란 거의 불가능하다. 각각의 경우에 수사법은 불화와 선동을 일으킨다. 그러나 현대의 공적 담론을 더욱 선동적으로 만드는 것은 선정주의다. 일부 진보주의 진영에서 주장하듯이, "반동 정치와 결합한 종교 열정이 미국인의 토대를 위협하는 네오파시즘을 낳고 있는가? 혹은 '종교 우파의 정치 장악 결과'로서, 히틀러의 「나의 투쟁」(*Mein Kampf*)을 경전으로 삼고 군중이 무신론자들 위에서 무자비하게 행진하도록 조종하는 일종의 기독교 나치주의가 탄생할지도 모른다는 말이 진정

사실인가?" 또 일부 정통주의자들이 주장하듯이, "인본주의자들은 미국 내에서 성경이 금지되고…모든 교회가 문 닫는 모습을 보고 싶어 한다"는 말이 사실인가? 믿지 않는 정치인들이 선출되면, 반드시 "성경은 매트리스 밑에 넣고, 성조기는 잘 접어 넣고, '우리는 하나님을 믿는다'라고 새겨진 동전은 던져 버려야" 하는 것이 사실인가? 그러나 정당이나 눈 밖에 나려는 목적에 상관없이, 선정주의와 과장은 항상 두려움과 불신과 후회를 조장한다.…결국 그런 말들은 가장 냉정한 청자들의 관심을 자극할 수 있을지는 몰라도, 결과는 뻔하다. 공적 담론의 양극화만 더 심해질 뿐이다.[12]

이제 무기를 내려놓을 때다. 자기 확신을 반드시 호전성으로 드러낼 필요는 없다.

반동적이고 상대방을 배려하지 않는 말싸움은 아무에게도 도움이 되지 않는다. 선동하는 말을 하면 다른 사람들은 우리 메시지에 귀 기울이지 않을 것이다. 반발보다는 반응하는 것이 위엄과 힘이 있다. 더 나아가, 사람들에게 진리를 전달할 책임이 전적으로 우리에게 있다고 생각할 필요는 없다. 변증에 대한 과시적인 견해는 다른 사람과의 관계에서 자기 자신에게만 정신이 팔려 안절부절못하고 진정성이 결여된 모습만 낳을 따름이다. 우리는 진리를 다른 사람에게 강요하는 것이 아니라 진리를 증거하라는 부르심을 받았다. 우리는 아무도 내 맘대로 좌우지할 수 없다. 그러기를 바라서도 안 된다. 사람들은 자신이 조종당하고 있다는 사실을 금세 파악할 뿐 아니라, 그것은 하나님 나라의 좋은 소식을 전하는 방법으로는 부적합하다.

결론

비판주의를 완전히 없애고 싶은 바람은 좋은 생각이지만, 현실적으로 불가능한 일이다. 성급한 판단과 불공평한 정죄는 끊임없이 우리 머릿속에 침입할 것이다. 하지만 우리는 그것들을 이해하고 해악을 제거하는 데서 큰 진전을 경험할 수 있다. 매일의 영적 훈련을 통해 (나 자신과 타인을) 수용하는 태도를 기를 수 있다. 하나님의 사랑을 삶에 드러내기 위해서는 우리 주변 사람들 가운데 드러난 사랑을 볼 수 있어야 한다. 또 우리가 받은 은혜를 다른 사람에게 드러내는 것만큼 이 세상에서 존귀한 일도 없을 것이다. 우리는 가차없이 남을 혹평하는 과거의 습관으로 되돌아갈 때가 많을 것이다. 하지만 비판적인 태도를 **취하더라도** 곧바로 자신을 제어할 수 있게 된다. 우리가 하루아침에 비판적인 사람이 된 것이 아니듯이, 이 습관을 고치는 데도 얼마간의 시간이 필요하다. 그러나 그 기다림은 다른 사람들과 관계 맺는 데 새로운 방식을 보장하는 약속으로 충만한, 능동적인 기다림이 될 것이다.

 인생에서 가장 힘든 여행은 적대감에서 긍휼로 가는 길이다. 단순히 의지가 강하다고 해서 긍휼을 발휘할 수 있는 것은 아니다. 옥스버거는 이렇게 말했다.

우리는 긍휼을 만들어 낼 수도 없고, 우리 영혼에게 강요할 수도 없으며, 무작정 긍휼을 베풀 수도 없다. 긍휼은 **발견하는** 것이다. 우리 자신이 우리에게 상처를 준 사람과 별반 다르지 않을 뿐 아니라, 비슷한 구석이 아주 많고, 상대방의 악한 행동이 나의 악한 충동에도 그대로 드러나며, 정의를 향한 나의 선한 갈망이 나에게 상처를 준 사람에게도 동일하게 존재한다는 사실을 고통스럽게 깨달을 때, 긍휼을 발견하게 된다.[13]

그러나 긍휼이 전적으로 은혜의 선물임에도 불구하고, 다른 한편으로는 긍휼을 우리 삶에서 얼마든지 계발하고 훈련할 수 있다. 간단히 말해서, 긍휼은 영적 훈련이다.

이 책에서 나는 비판주의를 줄이고 하나님의 용납하심을 더 많이 깨달을 수 있는 구체적인 제안을 시도했다. 보호 장비를 내려놓고 자신의 방어적인 자세와 병든 대인관계 패턴을 정정당당하게 바라보려면 용기가 필요하다. 이런 자기 조사를 위해서는 우리 내면이 아무리 엉망이더라도 우리가 용납되었다는 확신이 먼저 필요하다. 또한 하나님(과 다른 사람들)의 용납은 더 큰 자기 발견을 낳는다. 은혜가 동반된 이 자기 발견을 통해 우리는 다른 사람을 덜 비판하고 더 많이 배려하는 사람이 될 수 있다. 이러한 자기 이해의 과정을 통해 덜 비판적이 되게 하고, 더 용납하게 하며, 견고한 확신과 깊은 대화를 돕는 데 이 책이 쓰임받기를 바란다.

주

1장 사람들은 모두 비판하기를 좋아한다

1) James Davison Hunter, *Culture Wars: The Struggle to Define America* (New York: Basic Books, 1991), pp. 135-158.
2) Roberta Bondi, *To Love as God Loves* (Minneapolis: Fortress, 1987), p. 35.

2장 비판주의를 지양하는 비판

1) Henri Nouwen, *The Wounded Healer* (New York: Doubleday, 1972), p. 72. 「상처 입은 치유자」(두란노).
2) Daniel Taylor, *The Myth of Certainty: The Reflective Christian and the Risk of Commitment* (Downers Grove, Ill.: InterVarsity Press, 1992), p. 18.

3장 불안정한 오만과 자신감 있는 겸손

1) Henri Nouwen, *The Wounded Healer* (New York: Doubleday, 1972), p. 63.
2) Carl Rogers, *On Becoming a Person* (Boston: Houghton Mifflin, 1961), pp. 18-19. 「진정한 사람되기」(학지사).
3) Terry D. Cooper, *Sin, Pride & Self-Acceptance: The Problem of Identity in Theology & Psychology* (Downers Grove, Ill.: InterVarsity Press, 2003). 「신학과 심리학에서 본 인간」(대서).
4) David G. Myers, *The Inflated Self* (New York: Seabury Press, 1980).
5) David G. Myers, *Psychology Through the Eyes of Faith* (San Francisco: Harper and Row, 1987), 특히 21장, pp. 129-136. 「신앙의 눈으로 본 심리학」(한국 IVP).
6) Myers, *The Inflated Self*, p. 21.
7) 같은 책, p. 24.

8) Karen Horney, *Neurosis and Human Growth* (New York: W. W. Norton, 1950).
9) Christopher Lasch, *The Culture of Narcissism* (New York: W. W. Norton, 1979). 「나르시시즘의 문화」(문학과지성사).
10) 그런 사회 비평가들로는 Edwin Schur, *The Awareness Trap: Self-Absorption Instead of Social Change* (New York: McGraw-Hill, 1976); Martin Gross, *The Psychological Society* (New York: Simon and Schuster, 1978); Paul Vitz, *Psychology as Religion: The Cult of Self-Worship*, 2nd ed. (Grand Rapids: Eerdmans, 1994). 「신이 된 심리학」(새물결플러스); 그리고 이미 언급했던 David Myers, *The Inflated Self* 등이 있다.
11) Donald Capps, *The Depleted Self: Sin in a Narcissistic Age* (Minneapolis: Fortress, 1993), p. 4.
12) Søren Kierkegaard, *The Concept of Anxiety*, trans. Reidar Thomte (Princeton, N.J.: Princeton University Press, 1980). 「불안의 개념」(한길사)
13) Kohut의 어려운 책들을 읽기 전에, 다음 책부터 시작하면 좋다. *Heinz Kohut: The Chicago Institute Lectures*, ed. Paul Tolpin and Marian Tolpin (Hillsdale, N.J.: The Analytic Press, 1996).
14) Kohut의 생애에 대한 탁월한 연구로는 다음 책을 보라. Charles B. Strozier, *Heinz Kohut: The Making of a Psychoanalyst* (New York: Other Press, 2001).
15) David W. Augsburger, *Helping People Forgive* (Louisville: Westminster John Knox Press, 1996), p. 75.
16) 같은 책, p. 76.
17) 같은 책, p. 79.
18) Kohut, *Chicago Institute Lectures*, pp. 243-274.
19) Alan Loy McGinnis, *Confidence: How to Succeed at Being Yourself* (Minneapolis: Augsburg, 1987), p. 21.
20) Fredrick Buechner, *Wishful Thinking: A Theological ABC* (New York: HarperCollins, 1973), p. 95. 「삐딱한 그리스도인을 위한 통쾌한 희망사전」(복있는사람).

4장 반응하는 비판과 반발하는 비판주의

1) Aaron Beck, *Prisoners of Hate: The Cognitive Basis of Anger, Hostility, and Violence* (New York: HarperCollins, 1999).
2) David W. Augsburger, *Anger and Assertiveness in Pastoral Care* (Minneapolis: Fortress, 1979), p. 22.
3) David Augsburger, *Caring Enough to Confront* (Scottsdale, Penn: Herald Press, 1973), p. 11.
4) 같은 책, pp. 52-53.

5장 죄책의 비판과 수치심의 비판주의

1) Dietrich Bonhoeffer, *Life Together* (New York: Harper and Row, 1954), p. 112.「신도의 공동생활」(대한기독교서회).
2) Thomas C. Oden, *The Structure of Awareness* (Nashville: Abingdon, 1969), pp. 23-45.
3) Thomas C. Oden, *Guilt Free* (Nashville: Abingdon, 1980), pp. 34-35.
4) 같은 책, pp. 46-51.
5) Karen Horney, *Our Internal Conflicts: A Constructive Theory of Neurosis* (New York: W. W. Norton, 1955).
6) C. S. Lewis, *The Four Loves* (New York: Harcourt Brace Jovanovich, 1991), p. 112.「네 가지 사랑」(홍성사).
7) Reinhold Niebuhr, *The Nature and Destiny of Man*, vol. 1 (New York: Scribner, 1964), p. 271.
8) Oden, *Structure of Awareness*, p. 258.

6장 권위 있는 비판과 권위적인 비판주의

1) Howard J. Clinebell Jr., *The Mental Health Ministry of the Local Church* (Nashville: Abingdon, 1972), p. 34.
2) Harold Kushner, *When Bad Things Happen to Good People* (New York: Avon, 1981).「왜 착한 사람들한테 나쁜 일이 일어날까」(도서출판 창)
3) Daniel Day Williams, *The Minister and the Care of Souls* (New York:

Harper and Row, 1961), p. 24.
4) Robert W. Jenson, "The God-Wars", in *Either/Or: The Gospel or Neopaganism*, ed. Carl E. Braaten and Robert W. Jenson (Grand Rapids: Eerdmans, 1995), pp. 23-36.
5) William G. Perry Jr., *Forms of Intellectual and Ethical Behavior in the College Years* (New York: Holt, Rinehart and Winston, 1970).
6) H. Richard Niebuhr, *The Meaning of Revelation* (New York: Macmillan, 1941), p. x.
7) Daniel Taylor, *The Myth of Certainty: The Reflective Christian and the Risk of Commitment* (Downers Grove, Ill.: InterVarsity Press, 1992), p. 24.

7장 열린 마음과 너그러운 가슴을 품은 '은혜 충만한' 삶
1) Daniel Day Williams, *The Minister and the Care of Souls* (New York: Harper and Row, 1961), p. 75.
2) Joseph Cooke, *Free for the Taking* (Old Tappan, N.J.: Fleming H. Revell, 1975), p. 184.
3) William Hordern, *Living By Grace* (Philadelphia: Westminster Press, 1975), p. 136.
4) Wayne Muller, *Legacy of the Heart: The Spiritual Advantages of a Painful Childhood* (New York: Simon and Schuster, 1992)를 보라.
5) Daniel Taylor, *The Myth of Certainty: The Reflective Christian and the Risk of Commitment* (Downers Grove, Ill.: InterVarsity Press, 1992), p. 110.
6) Alcoholics Anonymous, *Twelve Steps and Twelve Traditions* (New York: A.A. World Services, 1952), p. 92.
7) Henri Nouwen, *Reaching Out* (Garden City, N.Y.: Image, 1986), pp. 71-72. 「영적 발돋움」(두란노).
8) David Augsburger, *When Enough Is Enough* (Ventura, Calif.: Regal, 1984), p. 105.
9) Mark A. Noll, *The Scandal of the Evangelical Mind* (Grand Rapids: Eerdmans, 1994). 「복음주의 지성의 스캔들」(한국 IVP).

10) William Hordern, *Living By Grace* (Philadelphia: Westminster Press, 1975), p. 113.
11) Don S. Browning, *The Moral Context of Pastoral Care* (Philadelphia: Westminster Press, 1976), p. 125.
12) James Davison Hunter, *Culture Wars: The Struggle to Define America* (New York: Basic Books, 1991), pp. 152-153.
13) David Augsburger, *Hate-Work: Working Through the Pain and Pleasures of Hate* (Louisville, Ky.: Westminster John Knox Press, 2004), p. 50.

용어 해설

경험에 가까운(experience-near) **해석**: 기술하려는 사건의 느낌과 임상적 현상에 가까운 감정 경험에 대한 설명적 진술.

과대 자기(grandiose self): 붕괴된 일차적인 자기애의 행복한 상태를 회복하려는 두 개의 본래적 시도 중의 하나를 나타내는 코헛의 개념. 과시주의, 자기 확장, 전능감으로 특징지어지며, 이러한 무의식적 형태가 정상적 발달 과정을 변화시키고, 최종적으로는 포부의 축을 세우는 에너지를 제공한다.

'타자'에게 투자되지 않고, 자기에게 투자되기 위해 보존되는 자기. '타자'를 과대평가하는 것이 자기애의 성숙 과정에 적절한 국면인 것처럼, 자기를 과대평가하는 것도 자기애의 성숙에 똑같이 적용된다. 이상화된 부모 원상이 이상화 대상을 경외의 눈길로 바라보는 데 비해, 과대 자기는 자신을 경외와 감탄스러운 눈길로 바라봐 주기를 소망한다. 이상화된 부모 원상이 자아 이상의 형성에 기여하는 반면, 과대 자기는 욕동(리비도)으로 인한 긴장을 조절하는 능력과 밀접하게 관련되어 있다. 이상화된 부모 원상은 이상의 형성에 기여하고, 과대 자기는 포부의 형성에 기여한다.

과시주의(exhibitionism): 다른 사람이 자신을 향해 감탄하기를 갈망하는 욕망. 아이의 자기애적 자기가 느끼는 정상적인 경험.

변형적 내재화(transmuting internalization): 프로이트의 내재화 개념을 모델로 만들어진 상실경험에 뒤따르는 심리적 구조-형성에 관한 코헛의 개념. 대상을 이상화하는 자기대상(selfobject)의 기능에 실패할 때 이상화의 강도가 다시 내재화된다. 적절한 좌절에 해당하는 미세한 상실은 변형적 내재화 과정을 촉진시킨다.

이지화(intellectualization): 불안이나 긴장을 수반하는 불쾌한 상황이나 경험에서 감정을 억압하고 그 상황이나 경험을 지적으로 객관화함으로써 정서적인 혼란 상태에 빠지지 않고자 하는 기제. 가령, 내담자가 상담에서 과거의 상당히 감정적인 사건을 내용만 논리적인 입장에서 차분히 설명하는 경우.

자격감(sense of entitlement): 자신은 다른 사람들과는 비교할 수 없을 만큼 중요하고 특별한 존재라는 자기 중요성.

최적의 좌절(optimal frustration): 외부 대상이 주는 상실감이나 실망감의 강도가 한 개인이 가지고 있는 정서적 능력에 비추어 압도당하지 않을 만큼 안전하게 체험할 수 있는 정도로 주어지는 것을 의미하는 심리 경제적 용어.

* 「하인즈 코헛과 자기 심리학」(앨런 시걸 지음, 한국심리치료연구소 역간) 참조.

옮긴이 **이지혜**는 연세대학교 영어영문학과를 졸업하고 IVP 편집부에서 일했다. 영국 Oxford Brookes University에서 출판을 공부했으며, 현재는 프리랜서 번역가 및 출판기획자로 활동 중이다. 옮긴 책으로 「나의 사랑하는 책」, 「정의를 위한 용기」, 「냅킨 전도」(이상 한국 IVP), 「최고의 설교」(국제제자훈련원), 「하나님을 주목하는 삶」(새물결플러스), 「하나님인가 세상인가」(아드폰테스) 등이 있으며, "크리스채너티 투데이" 한국판에 실린 기사 다수를 번역했다.

비판의 기술

초판발행_ 2013년 8월 23일
지은이_ 테리 쿠퍼
옮긴이_ 이지혜
펴낸이_ 신현기
발행처_ 한국기독학생회출판부
등록번호_ 제313-2001-198호(1978.6.1)
주소_ 121-838 서울 마포구 서교동 352-18
대표 전화_ (02)337-2257 팩스_ (02)337-2258
영업 전화_ (02)338-2282 팩스_ 080-915-1515
직영서점 산책_ (02)3141-5321
홈페이지_ http://www.ivp.co.kr 이메일_ ivp@ivp.co.kr
ISBN 978-89-328-1303-5

ⓒ 한국기독학생회출판부 2013

책값은 뒤표지에 있습니다.
무단 전재와 복제를 금합니다.